Schrader-Motor-Chronik

Feuerwehr- und Rettungsfahrzeuge der DDR

1945–1989

Schrader-Motor-Chronik

Feuerwehr- und Rettungsfahrzeuge der DDR

1945–1989

Eine Dokumentation von Detlef Nase

Schrader
Verlag

Eine Haftung des Autors oder des Verlages und seiner Beauftragten für
Personen-, Sach- und Vermögensschäden ist ausgeschlossen.

ISBN 3-613-87177-7

Copyright © by Schrader Verlag, Postfach 10 37 43, 70032 Stuttgart
Ein Unternehmen der Paul Pietsch Verlage GmbH + Co.
1. Auflage 1998

Nachdruck, auch einzelner Teile, ist verboten.
Das Urheberrecht und sämtliche weiteren Rechte sind dem Verlag vorbehalten.
Übersetzung, Speicherung, Vervielfältigung und Verbreitung
einschließlich Übernahme auf elektronische Datenträger wie CD-Rom, Bildplatte usw.
sowie Einspeicherung in elektronische Medien wie Bildschirmtext, Internet usw.
ist ohne vorherige schriftliche Genehmigung des Verlages unzulässig und strafbar.

Lektorat: Halwart Schrader
Innengestaltung: Katharina Jüssen
Repro: digi bild reinhardt GmbH, 73037 Göppingen
Druck: Gulde-Druck, 72072 Tübingen
Bindung: K. Dieringer, 70839 Gerlingen
Printed in Germany

Die drei Fahrzeuge wurden in Görlitz gebaut; das Tanklöschfahrzeug ist das Baumuster des TLF 15 auf Basis des H 3 A, das einzige TLF 15 aus Görlitz.

Inhalt

Vorwort	Seite 6	B 1000	31	MLW	77
Das Feuerwehrwesen in der DDR	7	Garant	34	Multicar	78
Aus alt wird neu	11	Robur	36	P 2 M	79
Phänomen, Garant und SIS	18	S 4000-1	43	Export	81
H 3 A	24	W 50	59	Sankra	83
G 5	30	Roman	72	Anmerkungen zum Thema	94

Vorwort

Dieser Band der Schrader-Motor-Chronik ist den Feuerwehr- und Rettungsfahrzeugen der DDR gewidmet. Wobei anzumerken wäre, daß die Prospekte, Anzeigen und Werkfotos zu diesem Thema einige Besonderheiten aufweisen, durch die sie sich von anderen Werbematerialien der Kraftfahrzeugbranche unterscheiden.

Es war zu DDR-Zeiten schwierig, an Prospekte von Feuerwehr- und Rettungsfahrzeugen überhaupt heranzukommen. Auf der Leipziger Messe beispielsweise wurden sie wegen der meist geringen Auflagenhöhe nur auf nachdrückliche Anfrage ausgegeben. Hatte man schließlich einen Prospekt erhalten, dann gab es für ihn viele Verwendungsmöglichkeiten. So wollte die Feuerwehr selbst den Schaukasten an ihrem Gerätehaus mit farbigen Bildern von Feuerwehrfahrzeugen versehen. Oder die Lehrerin benötigte ein paar Abbildungen zum Thema Feuerwehr für ihre Schüler. Der Modellbauer suchte Vorlagen für sein Modell, und schließlich waren Jungen und Mädchen, die einen Besuch bei der Feuerwehr gemacht hatten, scharf auf ein Bild fürs Kinderzimmer. Und so wurde wohl kein Prospekt von Feuerwehr- oder Rettungsfahrzeugen achtlos weggeworfen – fast alle wurden aber zerschnitten.

Von den Originalfahrzeugen haben nur wenige überlebt. Ein Feuerwehrfahrzeug erreicht meist ein hohes Alter bei geringer Laufleistung; wird es eines Tages außer Dienst gestellt und ausrangiert, löst es ein jüngeres Fahrzeug ab, das sine Aufgaben übernimmt. Irgendwann wird dann festgestellt: »Man hätte das Fahrzeug doch als Oldie behalten sollen«. Dann ist es jedoch zu spät.

Aber nicht alle Fahrzeuge wurden verschrottet. In der DDR gab es beim Kulturbund die Arbeitsgemeinschaften (AG) »Feuerwehrhistorik«. Hier waren die Feuerwehrhistoriker organisiert, einige von ihnen erhielten auch alte Feuerwehrfahrzeuge. Die meisten dieser Arbeitsgemeinschaften existieren heute noch, nur haben sie sich umbenannt. Und in der 1. Arbeitsgemeinschaft Feuerwehrhistorik arbeiten mittlerweile nicht nur ostdeutsche Feuerwehrhistoriker mit.

Die AG Feuerwehrhistorik Riesa verfügt über eine Sammlung von DDR-Feuerwehrfahrzeugen, die bis auf wenige Modelle komplett ist. Auch die Feuerwehrmuseen in Pasewalk, Stendal und Zeithain sowie die Sammlungen in Römhild und Wandlitz, in denen ebenfalls DDR-Feuerwehrfahrzeuge gezeigt werden, gehen auf solche Arbeitsgemeinschaften zurück. Das Feuerwehrmuseum Eisenhüttenstadt, eine städtische Einrichtung, zeigt ebenfalls solche Fahrzeuge. Darüber hinaus gibt es eine Vielzahl von Liebhabern, die Zeitzeugen der Feuerwehrgeschichte erhalten – sie werden dieses kleine Buch sicher mit Interesse studieren.

Detlef Nase

Das Feuerwehrwesen in der DDR

Der klassische Prospekt ist als Druckerzeugnis ein Mittel zur Werbung. Doch wie sinnvoll ist es, Prospekte zu produzieren, wenn gar keine Werbung für die darin gezeigten Produkte erforderlich ist? Auf solche und ähnliche Gedanken kommt man, wenn man sich das erste Mal mit Prospekten von Feuerwehr- und Rettungsfahrzeugen in der DDR beschäftigt.

In der Tat: Weshalb sollte es Prospekte über Produkte geben, für die ein Privatmann keinen Bedarf hatte und die er ohnehin nicht hätte kaufen können, weil Feuerwehrfahrzeuge – wie so vieles in der ehemaligen DDR – ausschließlich »planmäßig« zugeteilt wurden? Also war Werbung in diesem Falle gar nicht nötig, und eine mit Werbung hervorgerufene Nachfrage im Sinne einer nach westlichem Vorbild funktionierenden Marktwirtschaft auch nicht gewünscht. Erstaunlicherweise gibt es jedoch zahlreiche Prospekte und andere Werbemittel zu den Feuerwehr- und Rettungsfahrzeugen in der DDR.

Sie wurden auf Messen und Ausstellungen im Inland – hier besonders auf den Leipziger Messen – sowie im Ausland als »Zeugnisse der sozialistischen Produktion« präsentiert. Das Bestreben eines devisenbringenden Exports spielte hierbei eine große Rolle, wobei zur Präsentation und Werbung eben auch Prospekte gehörten. Und bei Inlandsmessen durfte es auch nicht passieren, daß »Westfirmen« Werbematerial verteilten und die DDR-Firmen mit leeren Händen dastanden.

Dabei ließ sich nicht verhindern, daß der DDR-Feuerwehrmann ebenfalls in den Besitz des einen oder Prospekts gelangte. Und weil über die Prospekte viele Informationen an Interessenten gebracht werden sollten, hat man die Druckwerke teilweise als ausführliche technische Dokumentationen aufgemacht. So wurden zum Beispiel beim Kleinlöschfahrzeug KLF-TS 8 einige Zeit die Prospekte als Teil der Fahrzeugdokumentation ausgeliefert.

Die VEB Feuerlöschgerätewerke gehörten im Laufe der Entwicklung der DDR-Wirtschaft zu unterschiedlichen Vereinigungen Volkseigener Betriebe (VVB genannt) und Kombinaten. Mit Änderung der Zugehörigkeiten im System änderte sich dann meist auch das Erscheinungsbild der Prospekte: man paßte sie dem Stil der Prospekte des »Leitbetriebes« an.

1961 erfolgte die Bildung der Erzeugnisgruppe Feuerlöschgeräte in der DDR. Diese Gruppe hatte den Charakter einer »wirtschaftsleitenden« Einrichtung, wobei die Selbständigkeit der VEB Feuerlöschgerätewerke erhalten blieb. Mit Bildung der Erzeugnisgruppe Feuerlöschgeräte erfolgte in Leipzig die Schaffung einer Einrichtung »Werbung und Messen Feuerlöschgeräte«. Die Einrichtung war dem VEB Feuerlöschgerätewerk Neuruppin angegliedert und sollte für alle Feuerlöschgerätewerke die Werbung durchführen, ebenso die Ausstellungen für DDR-Feuerlöschtechnik auf Messen vorbereiten. Doch die vorgesehene zentrale Koordinierung wurde wegen wechselnder Zuordnungen der Werke nie ganz erreicht.

Im Archiv der Einrichtung »Werbung und Messen« befanden sich Belegexemplare von den meisten Prospekten, einschließlich fremdsprachiger Ausführungen und geänderter Nachauflagen. Als 1990 alles »gewendet« wurde, interessierte sich kein Feuerlöschgerätewerk mehr dafür; die Räume wurden gekündigt, die Mitarbeiter entlassen und alles Papier einschließlich der Prospektsammlung weggeworfen. Für die DDR-Bürger war ein vierzigjähriges Kapitel ihrer Geschichte zu Ende gegangen.

Vier Jahrzehnte zuvor waren – wie in den Westzonen – auch in der sowjetischen Besatzungszone die Fabrikanlagen und Wohnungen großenteils zerstört. Eine funktionierende Infrastruktur gab es nicht mehr, gravierender Mangel an Rohstoffen und Lebensmitteln diktierte das Leben. Aber anders als im Westen wurde die sowjetische Besatzungszone durch Demontagen und Reparationsleistungen um die eigene Möglichkeit der Entwicklung gebracht. Die Feuerlöschfahrzeugbranche machte dabei keine Ausnahme. Nach ihrer Entwicklung bis zum Kriegsende hatten in der SBZ noch drei Hersteller von Feuerlöschfahrzeugen überlebt: Fischer in Görlitz, Flader in Jöhstadt und Koebe in Luckenwalde. Während bei Koebe ohne Demontage und Kriegsschäden sofort Reparaturen für Fahrzeuge der Roten Armee ausgeführt werden mußten, konnte bei Flader noch bis zum Herbst 1946 mit vorhandenem Material gearbeitet werden. Dann erfolgte die Demontage des größten Teils der Werkseinrichtung, so wie auch bei Fischer zu Jahresanfang 1946.

Das Feuerwehrwesen in der DDR

Die Feuerlöschgerätewerke der DDR unterhielten auf den Leipziger Messen einen gemeinsamen Brandschutz-Pavillon. 1958 waren zur Frühjahrsmesse ein Grubenwehr-Einsatzwagen GEW auf H 3 A, das Löschfahrzeug LF-LKW-TS 8 auf Garant 30 K und ein Rettungsgerätewagen RTGW auf H 3 A ausgestellt.

Wachwechsel in Berlin-Mitte im Jahre 1960. A = 1956 wurde die DL 52 auf Krupp-Fahrgestell aus der BRD importiert. Es war zu dem Zeitpunkt die größte Drehleiter in Europa. B und D = Löschfahrzeug LF 16. C = Rettungsgerätewagen RTGW. E = Tanklöschfahrzeug TLF 16 – alle auf dem Fahrgestell S 4000-1.

Das Feuerwehrwesen in der DDR

Als 1969 die Fahrzeuge auf der Leipziger Messe ausgestellt wurden, gab es von der Drehleiter DL 30 erst zwölf Stück und vom Löschfahrzeug erst ca. 50. Vom Löschfahrzeug LF 8-TS 8-STA existierten schon knapp 180 Exemplare, bis zur Einstellung der Produktion wurden es dann 3630.

Nach einiger Zeit wurden in den ausgeräumten Werkshallen mit »besorgten« Maschinen und Materialien wieder Produkte wie Handwagen und Kochtöpfe hergestellt. Treuhänderische Verwaltung und Enteignung änderten die Eigentumsverhältnisse. Erste Reparaturen der dezimierten Feuerlöschausstattung der Feuerwehren ließen aus den Werken wieder Feuerlöschgerätehersteller werden; auf gebrauchten Fahrgestellen wurden Feuerlöschfahrzeuge aufgebaut. Mit der Produktionsaufnahme der Kraftfahrzeughersteller setzte ein permanenter Kampf der Feuerwehren um Feuerlöschfahrzeuge, der Feuerlöschfahrzeughersteller um Fahrgestelle für Aufbauten und der Fahrgestellhersteller um Bedarfsbefriedigung ein. Bis zum Ende der DDR konnte der Bedarf an Feuerwehrfahrzeugen zu keinem Zeitpunkt vollständig gedeckt werden.

Die ersten Fahrzeuge der volkseigenen Produktion entsprachen den Fahrzeugausführungen der Kriegszeit. Neben Löschfahrzeugen wurden vor allem Tanklöschfahrzeuge gebaut. 1953 setzte durch die Hauptabteilung Feuerwehr im Ministerium des Innern eine Normung der Feuerlöschfahrzeuge ein. Im Laufe der Zeit erfolgte eine »Typenbereinigung«, in deren Folge die leichten Fahrzeuge wie LF-TS 8 nur noch in Görlitz, die Tanklöschfahrzeuge in Jöhstadt und die

Das Feuerwehrwesen in der DDR

Zuerst sollte der geplante Lkw L 60 der Nachfolger des W 50 werden, dann wurden beide Fahrzeuge parallel hergestellt. Ab 1975 wurden für den L 60 mögliche Varianten entwickelt. Dieses Modell eines geplanten LF 32 für die Leipziger Messe entstand 1989; in Originalgröße wurde es nicht gebaut.

kreisgeleiteten Betrieben bis zu den späteren volkseigenen Kombinaten. Kurze Zeit nach der Enteignung der Feuerlöschfirmen wurden diese der Vereinigung Polygraph in Radebeul unterstellt. 1961 konstituierte sich dann die Erzeugnisgruppe Feuerlöschgeräte in der DDR.

Nachdem man die Feuerlöschgerätewerke aus der Erzeugnisgruppe in das Kombinat Anhänger und Spezialaufbauten eingegliedert und später auf andere Kombinate aufgeteilt hatte, wurden die Belange der Feuerlöschgeräteindustrie in den Hintergrund gerückt. Das Feuerlöschgerätewerk Görlitz zum Beispiel wurde zum Werk 7 des VEB Robur-Werke Zittau erklärt. Das Feuerlöschgerätewerk Luckenwalde wurde dem VEB Spezialfahrzeugwerk Berlin unterstellt, welches wiederum dem VEB IFA-Automobilwerke Ludwigsfelde unterstand. Damit waren die Feuerlöschgerätewerke auf dem Weg der Materialkontingentierung am Ende, und deshalb gab es auch immer weniger Weiterentwicklungen und immer mehr Improvisationen. So waren zum Beispiel 1975 die Pflichtenhefte für die Entwicklung des Lösch- und des Tanklöschfahrzeuges sowie der Drehleiter auf dem Fahrgestell L 60 erstellt worden, doch bis 1990 entstand kein einziges Baumuster der geplanten Fahrzeuge. In einer Werbemappe des Feuerlöschgerätewerkes Luckenwalde wurde die L 60-Drehleiter als DL 30/02 aber bereits vorgestellt. Aus dem Aspekt solcher und ähnlicher Sachverhalte ist ein Rückblick auf die Geschichte der Feuerwehrfahrzeugwerbung in der früheren DDR doch recht interessant.

mittleren Lösch- und Sonderfahrzeuge in Luckenwalde gefertigt wurden. Als im Jahre 1965 die Tanklöschfahrzeugfertigung nach Luckenwalde verlagert wurde und dafür die Fertigung sämtlicher Einbaufeuerlöschpumpen und Tragkraftspritzen TS 8 nach Jöhstadt kam, war dieser Prozeß abgeschlossen.

In der DDR gab es für keinen Betrieb so etwas wie Selbständigkeit. Die Wirtschaftsleitung reichte von sogenannten

Aus alt wird neu

Not macht erfinderisch, und so mußten alte Prospekte zur Werbung herhalten. Hier wurde ein Prospekt von 1940 zehn Jahre später mit dem »volkseigenen« Firmenstempel versehen und an eine interessierte Feuerwehr geschickt.

Dieser Mercedes L 1500 wurde in Luckenwalde um 1950 nach den Bauvorschriften von 1940 als LLG (Leichtes Löschgruppenfahrzeug) aufgebaut. Dem Fahrzeug sieht man Improvisation an.

Aus alt wird neu

Nachdem die verstaatlichten Feuerlöschgerätewerke in der Vereinigung Polygraph in Radebeul zusammengefaßt worden waren, erschienen Prospekte der verschiedenen Hersteller im Polygraph-Erscheinungsbild. Der Jöhstädter Prospekt zeigt verschiedene Nachkriegsaufbauten auf alten Fahrgestellen.

Tanklöschfahrzeug 2500 Ltr. Tankinhalt
Pumpenleistung: 1500 Ltr./min. bei 80 m gesamtmanometrischer Förderhöhe

Vorbaupumpe mit Gasstrahler-Ansaugvorrichtung und Vormischer.
Leistung: 1500 Ltr./min. bei 80 m gesamtmanometrischer Förderhöhe

Vorbaupumpe mit Gasstrahler und Kapselschieberpumpen, Ansaugvorrichtung sowie Vormischer. Leistung: 2500 Ltr./min. bei 80 m gesamtmanometrischer Förderhöhe

Die Betriebsfeuerwehr des Farbenwerkes Wolfen hatte sich auf einem amerikanischen GMC-Fahrgestell ein imposantes Tanklöschfahrzeug aufbauen lassen, das jahrelang im Einsatz war. Durch die geringen Entfernungen im Werk konnte auf eine geschlossene Kabine verzichtet werden.

Aus alt wird neu

Für den Einbau von Heckpumpen wurden Fahrgestelle mit Getrieben benötigt, die über Nebenantriebe verfügten. Weil diese bei den wenigsten zur Verfügung stehenden Fahrgestellen vorhanden waren, wurden Vorbaupumpen eingebaut. Hier genügten Klauen- oder Lamellenkupplungen an der Keilriemenscheibe des Motors zum Pumpenantrieb.

Aus einem Opel-Blitz-Pritschenwagen wurde in Luckenwalde ein Löschfahrzeug LF 15, das über zwei Jahrzehnte bei der Freiwilligen Feuerwehr Berlin-Buch im Einsatz stand.

Aus alt wird neu

Im Luckenwalder Prospekt wurden Fahrzeugabbildungen aus der Zeit vor 1945 verwendet, obwohl man unmittelbar nach Kriegsende hier bereits wieder Fahrzeugaufbauten herstellte. Auf dem Deckblatt ein Löschfahrzeug LF 25 auf DB L 3750; 1936 lautete die ursprüngliche Bezeichnung Kraftspritze KS 25.

Bevor in Luckenwalde auf diesem Mercedes-Fahrgestell der Aufbau eines Löschfahrzeuges LF 25 entstand, tat es unter einem Bus seinen Dienst. Durch den langen Radstand und die Niederrahmenbauweise sieht es wie ein Dackel auf Rädern aus...

Aus alt wird neu

Im Feuerlöschgerätewerk Görlitz wurden vor allem die ostsächsischen Feuerwehren bedient. Dieser Magirus M 145 hat durch die untypischen Entlüftungskappen auf den Türen sein besonderes Aussehen erhalten.

Die Heckansicht zeigt die Besonderheit der beiden aufgeprotzten fahrbaren Schlauchhaspeln; sie waren in den 30er Jahren charakteristisch für die Dresdner Feuerwehr.

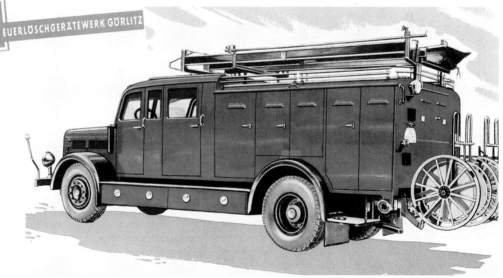

Aus alt wird neu

Eine einfache Möglichkeit der Angebotsabgabe war das Kopieren eines knappen Textes auf Karton mit aufgeklebten Fotos; so wurden auch die ersten Löschfahrzeuge LF-TSA angeboten. Hier ein LF8 auf dem Chassis Daimler-Benz L 1500 S. Wegen der geringen Nutzlast der Fahrgestelle führte man die Tragkraftspritze im Anhänger mit. Bei den ersten Aufbauten auf dem Phänomen 27 war dies auch der Fall. Später wurde der Anhänger weggelassen und die Tragkraftspritze hinten in den Aufbau eingeschoben.

```
Preis für feuerwehrtechnischen Aufbau - LF 8 -
                                             DM.  6 100,--

        für Tragkraftspritzenanhänger - TSA -
                luftbereift                  DM.  1 295,--


ab Werk G ö r l i t z .
```

Löschfahrzeug LF8
auf Phänomen Fahrgestell 1500 S

Aus alt wird neu

Die geschlossenen Schlauchkästen auf dem Trittbrett verraten die Ausführung LF-TSA mit der Tragkraftspritze im Anhänger. Mit der Veränderung der Bestückung wurden die Saugschläuche offen auf den Trittbrettern mitgeführt.

```
Preis für feuerwehrtechnischen Aufbau - LF 8 -
        DM. 6 100,--
      ab Werk Görlitz.
```

Durch den Wegfall des Tragkraftspritzenanhängers entfielen auch einige Bestückungsteile. Besonders die Feuerwehren auf dem Lande ließen sich dadurch bei Alarmfahrten über schlechte Straßen zum nächsten Ort besser handhaben.

Phänomen, Garant und SIS

Technische Daten (ohne Ausrüstung)	
Länge	etwa 5760 mm
Breite	etwa 1900 mm
Höhe	etwa 2500 mm
Nettogewicht	etwa 2750 kg
Bruttogewicht Seetransport	etwa 3650 kg
Kubikmaß	etwa 28 m³

Einen frühen Versuch professioneller Werbung für den Export stellt dieser Prospekt für das Löschfahrzeug LF 8 auf Phänomen 27 dar. Der DIA (Deutscher Innen- und Außenhandel Transportmaschinen) hatte unabhängig von den Fahrgestell- und Aufbauherstellern diesen Prospekt herausgebracht, der in der DDR aber nicht in Umlauf kam.

Phänomen, Garant und SIS

*Auch das Jöhstädter Feuerlöschgerätewerk stellte seine Werbematerialien in eigener Regie her. Die obere Abbildung zeigt ein Löschfahrzeug LF 15 auf dem Fahrgestell des russischen SIS 150 neben einem Löschfahrzeug LF 8 auf Phänomen 27. Von den LF 15 auf SIS wurden mehrere Exemplare für die deutsch-russische Aktiengesellschaft WISMUT, die das Uranerz in der DDR abbaute, hergestellt.
Die untere Abbildung zeigt die Vorbaupumpe des Tanklöschfahrzeuges TLF 15 - SIS 150, das auf der nächsten Seite abgebildet ist; so genau nahm man es mit der Fotozuordnung nicht.*

Phänomen, Garant und SIS

Aus der Sowjetunion kam eine Reihe von Fahrzeugen vom Typ SIS 150 in die DDR. In Jöhstadt wurden aus den Pritschenlastwagen Tanklöschfahrzeuge TLF 15, die man als erste »Neukonstruktion« in der DDR mit der Bezeichnung TLF 15/51 versah. Der durstige Benzinmotor dämpfte später die Freude der Feuerwehren über ihr Fahrzeug.

Phänomen, Garant und SIS

Parallel zur Entwicklung, Löschfahrzeuge auf Phänomen Granit 27 mit Vorbaupumpen auszustatten, wurde mit der Gestaltung eines Prospektes begonnen. So schnell war man später nur noch einmal bei der DL 37. Von dem Fahrzeug entstanden nur zwei Exemplare, der Prospekt wurde nicht fertiggestellt.
Durch Einbau von Vorbaupumpen wollte man auf eine Tragkraftspritze verzichten und damit Raum für eine erweiterte Bestückung bekommen: so entstanden zwei LF 10. Das abgebildete Fahrzeug wurde in Luckenwalde aufgebaut und verfügte wie das zweite LF 10 aus Görlitz über eine Wasserringpumpe als Entlüftungseinrichtung.
Die Lösungen überzeugten nicht, das Vorhaben wurde fallengelassen – nur diese retuschierte Illustration hat überlebt.

Phänomen, Garant und SIS

AUTO-POMPE LF 8
avec moto-pompe portative rétractable TS 8

VEB FEUERLÖSCHGERÄTEWERK GÖRLITZ

Die geschlossenen Löschfahrzeuge LF 8 wurden auch auf den weiterentwickelten Fahrgestellen Phänomen Granit 30 K, Robur Granit 30 K und Garant 30 K aufgebaut. Bei letztgenanntem Fahrgestell hatte man nur den Namen geändert. Schwarze Helme ohne Nackenleder und dunkle Uniformen – das war nicht oft zu sehen. In den 50er Jahren kam die Feuerwehrschutzkombination als Schutzanzug und als Ersatz für die Einsatzuniform auf; das Nackenleder mußte, außer bei Maschinisten, von allen Einsatzkräften am Helm getragen werden.

Équipement électrique — Démarreur (12 V), dynamo 130 watts, 1 batterie 75 Ah, 2 phares, clairon, tableau de distribution, interrupteur à baisser les phares à pied, prise de courant pour lampe à main, commutateur de direction, jauge d'essence, lampe-témoin pour lumière à distance et lumière de chargement, à l'arrière une prise de courant à 5 pôles, sonnette trembleuse.

Accessoires — Thermomètre pour le moteur, indicateur de vitesse avec compteur kilométrique, chauffage d'air de sûreté avec deux gicleurs de chauffage pour pare-brise, 1 anneau d'attelage au devant et à l'arrière de la voiture, 1 garniture d'outillage avec des accessoires et des pièces de rechange, description de la voiture et plan de graissage.

Carosserie — La carosserie entière, dont la carcasse est construite en bois dur, couverte de tôle, se compose de la cabine de chauffeur, compartiment pour l'équipe, compartiment de chargement, plate-forme de chargement sur le toit et les marchepieds.
Des deux côtés, la cabine de chauffeur est munie d'une porte avec fenêtres à manivelle en verre de sûreté. Les sièges et le dossier sont rembourrés. Le sol est garni de tôle en aluminium gauffrée enlevable et d'en bas il est étoupé contre le courant d'air. A gauche et à droite des sièges se trouvent des boîtes couvertes pour l'outillage, l'équipement et des accessoires.

Phänomen, Garant und SIS

Zur elektrischen Ausrüstung gehören:

Anlasser (12 V), Lichtmaschine 130 Watt, 1 Batterie 75 Ah, 2 Scheinwerfer, Signalhorn, Schaltkasten, Fußabblendschalter, Steckdose für Handlampe, Winkerschalter, Kraftstoffanzeiger, Lade- und Fernlicht-Kontrollampe und am Heck eine 5polige Steckdose.

Ferner ist das Fahrzeug mit folgendem Zubehör ausgerüstet:

Motorthermometer, Geschwindigkeitsmesser mit Kilometerzählwerk, Sicherheitsfrischluftheizung mit 2 Heizdüsen für Windschutzscheiben, vorn und hinten am Fahrgestell je eine Zugöse, ein Werkzeugsatz mit Zubehör und Ersatzteilen, Fahrzeugbeschreibung und Abschmierplan.

Der Aufbau:

Der stabile, aus Hartholzgerippe und Blechverkleidung gearbeitete Gesamtaufbau besteht aus Fahrerhaus, Mannschaftsraum, Laderaum, Dachladefläche und Trittbrettern.

Das Fahrerhaus hat beiderseitig eine vorn angeschlagene Tür mit Kurbelfenstern aus Sicherheitsglas. Die Sitze und Rückenlehne sind gepolstert. Der Fußboden ist mit herausnehmbarem Alu-Waffelblech belegt und gegen Luftzug von unten abgedichtet. Links und rechts der Sitze befinden sich abgedeckelte Kästen für Werkzeug, Zubehör und Ersatzteile.

Hinter dem Fahrerhaus befindet sich der Mannschaftsraum mit beiderseits vorn angeschlagenen Türen. Die Scheiben sind fest. Die gegenüberliegend, quer zur Fahrtrichtung angeordneten Sitze sind aus Hartholz und haben

Laderaum hinten rechts mit geöffneten Türen

LÖSCHFAHRZEUG LF 8
mit eingeschobener Tragkraftspritze TS 8

Als Fahrzeug wird ein Phänomen-Granit 27 oder ein Phänomen-Granit 30 K verwendet

Motor: Luftgekühlter Vierzylinder-Viertakt-Otto-Motor 50 bzw. 55 PS / 4 Vorwärtsgänge, 1 Rückwärtsgang / Einscheiben-Trockenkupplung / Zentralschmierung

Bremsen: Vierrad-Öldruck- und mechanische Handbremse

Bereifung: Siebenfach (vorn Einfach-, hinten Doppelbereifung)

Kraftstoff: Verbrauch ca. 17 l/100 km

Fahrzeugleistung: Bei voller Belastung und guter Straße ca. 80 km/h

VEB FEUERLÖSCHGERÄTEWERK GÖRLITZ
VEB FEUERLÖSCHGERÄTEWERK LUCKENWALDE

III-25-16 23259 2 A 300/54 DDR

Da die Aufbauten reine Handarbeit waren, der Karosseriemeister auch mal wechselte und das vorhandene Material sich änderte, gab es in der Ausführung der Kleinserien mitunter augenfällige Unterschiede.

H3A

Der Krieg wirkte nach: sowohl die Einsatzerfahrungen bei größeren Bränden als auch die zerstörten Städte mit ihrer desolaten Wasserversorgung hatten großen Bedarf an Schlauchkraftwagen. Deshalb wurden schon auf den ersten geeigneten Fahrgestellen, den IFA-Horch H 3 A, Schlauchkraftwagen aufgebaut. In diesem Fahrzeug wurden rund 1200 m Druckschlauch mitgeführt, ein Teil ließ sich während der Fahrt verlegen.

SCHLAUCHKRAFTWAGEN S 3

Der Schlauchkraftwagen dient ausschließlich dem Transport größerer Schlauchmengen und wird nach der Bauvorschrift S 3/54 gebaut.
Die feuerwehrtechnische Ausrüstung lt. Beladeliste sieht u. a. die Mitnahme von
  60 B-Druckschläuchen 20 m lang
  19 C-Druckschläuchen 15 m lang
vor. Ein Teil der Schläuche ist, wie aus der Rückansicht ersichtlich, s[o untergebracht, daß] diese während des Fahrens ausgelegt werden können.

Die technischen Einzelheiten des Kraftfahrzeuges:

Das Fahrgestell
IFA-HORCH-Diesel-Lastkraftwagen-Fahrgestell, Typ H 3 A mit motor, 80 PS bei 2000 U/min. Einspritzpumpe. 5 Vorwärtsgänge, Zweischeiben-Trockenkupplung mit automatischer Nachstellung bremse und auf die Hinterräder wirkende, mechanische Handb Luftbereifung, Kraftstoffbehälter für etwa 80 Liter, Kraftstoff 22 Liter auf 100 km. Fahrgeschwindigkeit vollbelastet auf gute 5. Gang ca. 60 km/h. Steigfähigkeit im 1. Gang 29 %.

VEB FEUERLÖSCHGERÄTEW
LUCKENWALDE

Nicht nur die Bezeichnung S 3 (Schlauchwagen der 3-Tonnen-Klasse) erinnerte an den genormten Schlauchkraftwagen der Kriegszeit, auch Ausführung und Bestückung waren fast identisch.

Linksseitige Ansicht des Schlauchkraftwagens mit geöffneten Türen

H3A

LÖSCHFAHRZEUG LF 15 mit Heckpumpe

Als Fahrzeug wird ein Vierzylinder-IFA-HORCH-Diesellastkraftwagen Fahrgestell Typ H 3 A verwendet

Motor:	80 PS / 5 Vorwärtsgänge, 1 Rückwärtsgang / Zweischeiben-Trockenkupplung
Bremsen:	Vierrad-Öldruck- und mechanische Handbremse
Bereifung:	Siebenfach (vorn Einfach-, hinten Doppelbereifung)
Kraftstoff:	Behälter-Fassungsvermögen ca. 80 Liter, Verbrauch ca. 22 Liter pro 100 km
Fahrzeugleistung:	Bei voller Belastung und guter Straße im 5. Gang ca. 60 km/h, Steigfähigkeit 29 Prozent im 1. Gang

VEB FEUERLÖSCHGERÄTEWERK GÖRLITZ
VEB FEUERLÖSCHGERÄTEWERK JÖHSTADT
VEB FEUERLÖSCHGERÄTEWERK LUCKENWALDE

Alle drei der DDR Feuerwehrfirmen stellten die dringend benötigten Löschfahrzeuge LF 15 auf H 3 A her. Allerdings reichten die erhältlichen Fahrgestelle nicht aus. Daher konnte der Bedarf der Feuerwehren nicht gedeckt werden – ein Zustand, der bis zum Ende der DDR anhielt.

Einige Löschfahrzeuge LF 15 auf H 3 A erhielten Vorbaupumpen. An diesem LF ist die vorgeflanschte Kapselschieberpumpe als Entlüftungseinrichtung sichtbar. Diese Ausführung wurde jahrzehntelang in Luckenwalde hergestellt und stammt noch aus der Koebe-Zeit.

Ein H 3 A LF 15 in der Ankündigung für S 4000-1-Feuerlöschfahrzeuge.

H3A

Die Fahrgestellhersteller veröffentlichten ihre eigenen Prospekte, in denen es wegen fehlender Feuerwehrkenntnisse mitunter zu falschen Aussagen kam. Auch kam es vor, daß bei der Ankündigung eines neuen oder weiterentwickelten Fahrzeuges noch keine Abbildung des Spezialaufbaus vorhanden war – es wurde einfach ein ähnliches Fahrzeug abgebildet.

H3A

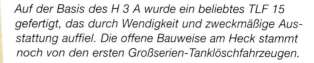

Auf der Basis des H 3 A wurde ein beliebtes TLF 15 gefertigt, das durch Wendigkeit und zweckmäßige Ausstattung auffiel. Die offene Bauweise am Heck stammt noch von den ersten Großserien-Tanklöschfahrzeugen.

Das Reserverad in der Mannschaftskabine wurde bei den Feuerwehren bald zugunsten eines weiteren Sitzplatzes herausgenommen.

H3A

Dieser Grubenwehr-Einsatzwagen war auf einem H 3 A-Fahrgestell aufgebaut. Das Fahrzeug auf Seite 29 ist die Ausführung von 1955/56. Dieses Fahrzeug ist von 1957/58. Das neuere Fahrzeug hat man aus technischen Gründen dem Aufbau des LF 15 angepaßt.

Aufbau: Gerippe aus Hartholz, vollständig verblecht.
Grundrahmen gegen Fäulnis mit Xylamon gestrichen.

Fahrer- und Mannschaftsraum sind durch beiderseits nach vorn aufschlagende Türen zugängig. Schlösser von innen verriegelbar, Fahrerhaustür links von außen verschließbar.

Türen mit Kurbelfenstern aus Sicherheitsglas
Zuziehgriff und Türhalteriemen
Zweiteilige Windschutzscheibe
Fahrersitz zweiteilig und Rückenlehne gepolstert, mit Kunstleder bezogen.

Im Mannschaftsraum sind 2 quer zur Fahrtrichtung sich gegenüberliegende Sitzbänke für je 4 Personen angeordnet. Die hochklappbaren Sitze aus Eschenholzleisten sind mit Kästen für die Unterbringung von Werkzeugen und Geräten unterbaut. Die hintere Sitzbank ist dreiteilig ausgeführt, das Mittelteil wegnehmbar und somit die Verbindung zu dem Raum für die Krankentrage geschaffen.

Zur Aufhängung einer Krankentrage sind an der Decke über dem Mannschafts- und Fahrerraum entsprechende Halterungen angebracht. Der Fußboden ist mit Riffelgummi belegt, die Türen und Sitzkästen mit 100 mm hohem Fußschutz versehen.

Der Geräteraum am Heck war für den behelfsmäßigen Krankentransport ausgebildet, deshalb erhielt die Geräteraumtür auch ein Fenster.

H3A

Die Grubenwehren des Bergbaus wurden nach einigen Grubenunglücken verstärkt mit speziellen Einsatzwagen ausgerüstet. Sie besaßen Atemschutz- oder (wie es damals hieß) Gasschutzgeräte mit Ersatz-Sauerstofflaschen und Alkalipatronen.

Grubenwehr-Einsatzwagen auf Horch-Fahrgestell H 3 A

Fahrgestell: Typ H 3 A
Rahmentragfähigkeit 4185 kg
zulässiges Gesamtgewicht 7080 kg
Radstand 3250 mm
kleinster Wendekreis 18 m

Motor: Viertakt-Diesel, 80 PS bei 2000 U/min.

Getriebe: 5 Vorwärtsgänge, 1 Rückwärtsgang.
2-Scheibentrockenkupplung mit automatischer Nachstellung

Bremsen: Hydraulische Öldruck-Vierrad-Fußbremse und mechanische Handbremse

Steigvermögen: 29 % im 1. Gang

Fahrgeschwindigkeit: Bei voller Belastung und guter Straße im 5. Gang zirka 60 km/h

Bereifung: 8,50 × 20, vorn einfach, hinten doppelt

Abmessungen: max. Länge zirka 6170 mm
max. Breite zirka 2200 mm
max. Höhe (beladen) zirka 2600 mm

VEB FEUERLÖSCHGERÄTEWERK GÖRLITZ

Aufbau: Gerippe aus Hartholz, vollständig verblecht. Grundrahmen gegen Fäulnis mit Xylamon gestrichen.

Fahrer- und Mannschaftsraum sind durch beiderseits nach vorn aufschlagende Türen zugängig. Schlösser von innen verriegelbar, Fahrerhaustür links von außen verschließbar.

Türen mit Kurbelfenstern aus Sicherheitsglas
Zuziehgriff und Türhalteriemen
Zweiteilige Windschutzscheibe
Fahrersitz zweiteilig u. Rückenlehne gepolstert, mit Kunstleder bezogen.

Das Fahrerhaus bietet Platz für 3 Personen (einschließlich Fahrer). Auf dem Dach des Fahrerhauses ist außer den beiden Kennlichtscheinwerfern ein Lichtkasten mit der Aufschrift „Grubenwehr Einsatzwagen" angeordnet.

Der Mannschaftsraum mit den sich anschließenden Geräteräumen ist vom Fahrerhaus getrennt. Im Mannschaftsraum sind drei Sitzbänke (1 Bank quer, je 1 Bank rechts und links zur Fahrtrichtung) eingebaut. Sie bieten Platz für insgesamt 10 Personen.

Lösch- und Rettungsgeräte waren in einzelnen Bergwerken untertage vorhanden; die Grubenwehrmannschaften mußten mit ihrer persönlichen Ausrüstung zum Unglücksort gebracht werden.

Löschfahrzeuge · Anhänger · Sonderfahrzeugaufbauten

G 5

Noch heute beeindrucken die vorhanden TLF 15 auf dem G5-Fahrgestell. Die Gestaltung mit der am Tank angebrachten Bestückung und Vorbaupumpe stellt die Fortführung der in Jöhstadt gefertigten Flader-Tanklöschfahrzeuge dar.

Beim G5-TLF waren an der fahrbaren Schlauchhaspel das Standrohr und die Hydrantenschlüssel angebracht. Damit sollte eine Zeitverkürzung beim Wassernehmen aus Hydranten erreicht werden.

B 1000

Mit dem Kleinlöschfahrzeug KLF-TS 8 auf dem B 1000 wurden die Freiwilligen Feuerwehren in kleinen Orten und Betrieben motorisiert. In dem Fahrzeug wurde die Ausrüstung für eine komplette Löschgruppe mitgeführt. Obwohl nur eine Besatzung von 5 Mann mitfahren konnte, war ein Löschangriff möglich.

DIE INNENEINRICHTUNG

Die TS 8, eine tragbare Schlauchhaspel mit 5 C-Druckschläuchen, ein Teil B und C-Druckschläuche in gerollter Form, ein Teil der Wasserarmaturen und sonstige Geräte sind auf einem ausfahrbaren Rollrahmengestell (im folgenden kurz Gestell genannt) aufgehaltert. Mit dieser Einrichtung ist eine gute und schnelle Entnahme gerade der schwersten Geräte gewährleistet.

Der Gestellrahmen besteht aus 2 Stahlrohren, die mit Querstegen verschweißt sind. Hinten ist in jedem Rohrende ein Rohrwinkel mit einem Rollrad unverlierbar eingesetzt. Diese Rohrwinkel sind um fast 180° schwenkbar. Im Ruhezustand sind sie nach oben geschwenkt und verriegelt, in Gebrauchsstellung nicht ganz senkrecht nach unten und ebenfalls verriegelt.

Das Gestell läuft auf Rollen in zwei U-Profilschienen, die auf dem Wagenboden aufgeschraubt sind.

KLEINLÖSCHFAHRZEUG (KLF-TS 8) BARKAS B 1000

KURZBESCHREIBUNG · BEDIENUNGSANLEITUNG

Die Ausführungen beziehen sich nur auf das Feuerwehrtechnische. Für die Wartung, Pflege und Bedienung des Fahrzeuges Barkas B 1000 sind die Vorschriften des VEB Barkas-Werke maßgebend.

Der B 1000 war mit seinem Wartburg-Zweitakter als Kleinlöschfahrzeug hoffnungslos untermotorisiert. Vollbesetzt war kein Tempo zu erzielen, Kupplungsprobleme waren an der Tagesordnung.

B 1000

Geradezu westliches Niveau hatte dieser Barkas-Prospekt, der eine große Zahl von Aufbau- und Einsatzvarianten des B 1000 zeigt. Sein Dreizylinder-Zweitaktmotor hatte 1 Liter Hubraum und 42 PS.

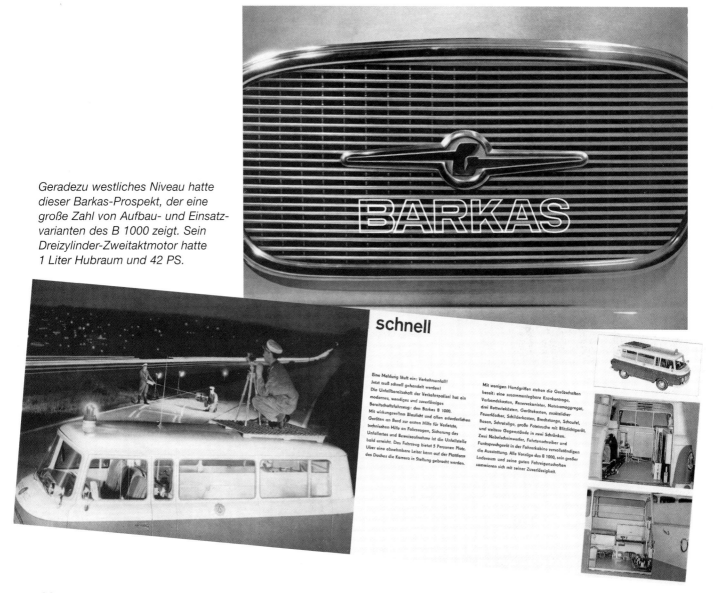

B 1000

einsatzbereit

Beim Einsatz wurde die Tragkraftspritze an der Wasserentnahmestelle abgesetzt. Mit der angehängten Schlauchhaspel war ein Schlauchauslegen bis zur Brandstelle möglich.

Notruf – Alarm!

Mit dem B 1000 ist die Betriebs- oder Freiwillige Feuerwehr schnell an der Brandstelle. 5 Mann Besatzung und eine reichhaltige Ausrüstung sind mit ihm unterwegs. Er trägt 16 B-Druckschläuche zu je 20 m, 10 C-Druckschläuche zu je 15 m und die Tragkraftspritze TS 8 mit einem Teil der Schläuche auf ausfahrbarem Rollrahmengestell. Kübelspritze und eine Vielzahl von wasserführenden Armaturen, Werkzeuge, Beleuchtungsgeräte und 4 A-Saugschläuche in einer Halterung auf dem Dach komplettieren die Ausrüstung. Eine Schlauchhaspel läuft nach.

Einsatzbereit und funktionstüchtig leistet der Barkas B 1000 für die Wirtschaft und zum Schutze der Bürger wertvolle Dienste.

Garant

Mitte der 50er Jahre wurde ein Problem bei den Freiwilligen Feuerwehren in der DDR deutlich: Die Neuzuführung von Feuerlöschfahrzeugen konnte den steigenden Bedarf nicht mehr decken, zumal die manchmal uralte Technik häufig ausfiel. So wurde ein Fahrzeugtyp erfunden, der die Probleme lösen half: der Löschfahrzeug-Lkw.

LÖSCHFAHRZEUG LKW-LF-TS 8 mit Schlauchtransportanhänger - STA -

Fahrgestell	Typ „Garant 30 K" mit Allradantrieb.
Motor	Viertakt-Otto – 60 PS bei 2800 U/min., luftgekühlt.
Getriebe	4 Vorwärts- und 1 Rückwärtsgang. Zusatzgetriebe mit Straßen- und Geländegang. Vorderachsenantrieb zuschaltbar.
Bremsen	Hydraulische Öldruck-Vierrad-Fußbremse u. mechanische Handbremse.
Steigvermögen	1. Gang im Straßengang 27 %. 1. Gang im Geländegang 52 %. Kleinster Wendekreisdurchmesser 15,8 m.
Fahrgeschwindigkeit	Im 4. Gang etwa 80 km/h auf ebener Straße.
Bereifung	6,50 – 20 vorn einfach, hinten doppelt. 1 Reserverad.
Abmessungen und Gewichte des LKW-LF-TS 8	Raumbedarf: 48 cbm. Länge: 6100, Breite: 2120, Höhe: 2600 mm. Zulässiges Gesamtgewicht: 4380 kg. Nettogewicht ohne Ausrüstung: 2780 kg. Nettogewicht der Ausrüstung: 900 kg. Bruttogewicht bei Seeverpackung ohne Ausrüstung: 5200 kg. Bruttogewicht bei Seeverpackung mit Ausrüstung: 6100 kg.

VEB FEUERLÖSCHGERÄTEWERK GÖRLITZ

Auf dem nunmehr auch mit Allradantrieb lieferbaren Fahrgestell des Garant 30 K wurde ein kostengünstiger und in größerer Stückzahl herstellbarer Pritschenaufbau gesetzt.

Garant

Das Baumuster des LF-Lkw-TS 8 mit STA auf Garant 30 K hatte noch das Fahrerhaus des Phänomen 27, wie an der fehlenden Ausstellscheibe ersichtlich ist. Das Mitführen eines Schlauchtransportanhängers mit 400 m Druckschlauch bot den Feuerwehren neue Möglichkeiten der Brandbekämpfung.

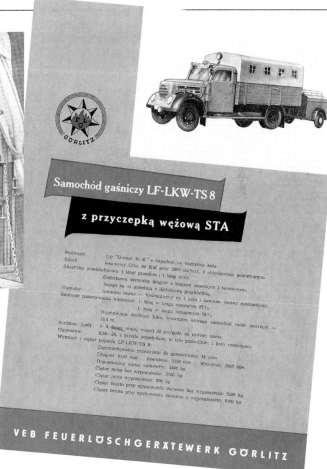

Im Vergleich zu geschlossenen Löschfahrzeugen konnte durch die Gewichtsersparnis mehr Ausrüstung mitgeführt werden. Nur für die Mannschaft war die Fahrt unbequemer geworden. Ein Prospekt in polnischer Sprache.

Der Allradantrieb verbesserte die Geländefahreigenschaften des Garant 30 K wesentlich, nur die geringe Bauchfreiheit des Fahrzeugs war manchmal hinderlich.

Robur

Bei den Fahreigenschaften im Gelände lagen Welten zwischen dem LO 1800 A und dem Garant 30 K. Mit einem Robur konnte man sich normalerweise nicht festfahren. Nur das Mitführen des Anhängers schränkte die Fahreigenschaften ein.

Mit Erscheinen der allradangetriebenen Ausführung des Robur LO 1800 wurde der Aufbau des LF-Lkw-TS 8 fast unverändert übernommen. Die erste Abbildung in dem Prospekt für das Fahrzeug war noch gezeichnet; ein Baumuster zum Fotografieren war noch nicht fertig.

Robur

LÖSCHFAHRZEUG LF-LKW-TS 8

Das Löschfahrzeug LF-LKW-TS 8 ist auf dem mit zuschaltbarem Vorderachsantrieb und Geländegang ausgerüsteten Fahrgestell LO 1800 vom VEB Robur-Werke Zittau aufgebaut. Es ist ein Mehrzweckfahrzeug und kann mit wenigen Handgriffen für Material- und Schlauchtransporte sowie für andere Zwecke umgerüstet werden.

AUFBAU
Der Aufbau ist auf Grund des Verwendungszweckes und zur Erhöhung der Nutzlast als Pritsche mit Plane ausgeführt.

AUSSTATTUNG
Sitzgelegenheit für 2 Mann im Fahrerhaus einschl. Fahrer und 8 Mann auf der Pritsche. Halterungen und Lagerungen für erweiterte feuerwehrtechnische Ausrüstung entsprechend den taktischen Bedingungen. Durch ausklappbares und als Rutsche eingerichtetes Auflagegestell ist eine bessere Entnahme der Tragkraftspritze möglich. Pritsche ist durch Ölheizgerät beheizbar. Sprechverbindung durch Telefon zwischen Fahrerhaus und Pritsche.
Um die Schlauchmenge wesentlich zu erhöhen, gehört zu diesem Löschfahrzeug ein Schlauchtransportanhänger -STA-. Dieser Anhänger ist ebenfalls umrüstbar und kann somit zum Transport anderen Materials verwendet werden.

Bedingt durch die Höhe der Pritsche wurde das Abheben der Tragkraftspritze TS 8 bei ungünstigem Untergrund zum Problem. Wie bei anderen Löschfahrzeugen gab es eine Möglichkeit, eine Krankentrage im Aufbau einzuhängen.

Die letzten LF-Lkw-TS 8 wurden 1965 mit Rundumkennleuchten ausgerüstet. Damals wurden die Feuerwehrfahrzeuge in der DDR – den B 1000 ausgenommen – noch mit Martinshorn und Rasselwecker ausgeliefert.

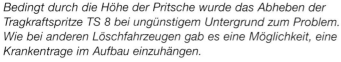

Robur

Wichtigste Veränderung war der Einbau einer Vorbaupumpe. Zur Entlüftung diente ein Gasstrahler. Die hohe Drehzahl des luftgekühlten Motors beim Ansaugen war gewöhnungsbedürftig. Ab 1986 erfolgte der Einbau einer Kolbenentlüftungspumpe.

LÖSCHGRUPPEN-FAHRZEUG LF 8 - TS 8 - STA ALS MEHRZWECK-FAHRZEUG

Mit Erscheinen des im Detail weiterentwickelten Fahrgestells Robur LO 1801 A wurde auch der Löschfahrzeugaufbau etwas verändert. Eine der Änderungen betraf die Unterbringung der Tragkraftspritze TS 8, die nun an der linken Fahrzeugseite zu entnehmen war; damit mußte zur Entnahme der TS 8 der Schlauchtransportanhänger nicht mehr abgekuppelt werden.

Robur

Um das Fahrzeug als Schlauchkraftwagen LF 8 – SKW 6 einsetzen zu können, ist es notwendig, einen Teil der Inneneinrichtung zu entnehmen. Dafür wird ein Schlauchgestell mit 6 Schlauchschüben, in dem je 5 20-m-B-Druckschläuche längs in Buchten eingelegt sind, eingebaut. Somit kann 600 m Schlauchmaterial ausgelegt werden.
In Verbindung mit dem STA können insgesamt 1020 m B-Schläuche mitgeführt werden.
Die Besatzung ist mit 1 : 2 vorgesehen.

Ergibt sich aus der bestehenden Situation die Notwendigkeit, eine größere Anzahl Personen zu befördern, so kann das Fahrzeug in kurzer Zeit als Mannschaftstransportfahrzeug LF 8 – MTW umgerüstet werden. Nach der Entnahme eines Teils der Inneneinrichtung werden zusätzlich drei Sitzbänke eingebaut. Somit können insgesamt 18 Personen befördert werden.

Zur Hilfeleistung bei Unfällen usw. kann das Fahrzeug nach der Umrüstung auch als Gerätewagen LF 8 – GW eingesetzt werden. Das Fahrzeug ist dann für diese Hilfeleistungen mit den entsprechenden Geräten und Aggregaten ausgerüstet. Außerdem gehört zur Ausstattung ein leicht aufsetzbarer Ausleger für eine Belastung von 1 Mp im Stand. Zur Beseitigung von Straßenhindernissen oder ähnlichem kann bei kurzen Fahrstrecken der Ausleger mit 0,5 Mp belastet werden. Die Besatzungsstärke ist mit 1 : 3 vorgesehen.
Im Zuge der weiteren technischen Entwicklung unserer Erzeugnisse bleiben Konstruktionsänderungen vorbehalten.

VEB Feuerlöschgerätewerk Görlitz
89 Görlitz, Boleslaw-Bierut-Straße 9–11

Exportinformation:
Fahrzeuge: Transportmaschinen Export-Import, Deutscher Innen- und Außenhandel, 108 Berlin, Taubenstraße

Anhänger und Geräte: Union Außenhandelsgesellschaft mbH für Metallwaren und Sportartikel, 108 Berlin, Wilhelm-Külz-Straße 46 – Deutsche Demokratische Republik

Löschgruppenfahrzeug LF8-TS8-STA als Mehrzweckfahrzeug

Um die Lichtverhältnisse im Aufbau zu verbessern, wurde die Plane aus imprägniertem Stoff durch eine lichtdurchlässige Kunststoffplane ersetzt. Der einfache Pritschenaufbau ermöglichte durch wenige Zurüstteile in kurzer Zeit ein Umrüsten des Fahrzeugs zum Gerätewagen mit Heckausleger, Schlauchwagen, Mannschaftstransportwagen, Behelfstanklöschfahrzeug mit 900 Liter Wasser oder für den Materialtransport.

Robur

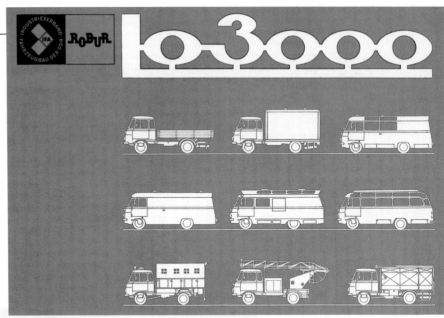

Die nächste Modifizierung des Fahrgestelles bezog sich auf die Erhöhung der Nutzlast und ergab den Typ LO 2002 A. Äußerlich erfuhr das Fahrzeug nur wenig Änderungen.

Eine weitere Variante stellt dieses ROBUR-Spezialfahrzeug dar, das auf der Grundkonzeption des Typs LO 3000 aufgebaut ist. Für Brandbekämpfung im unwegsamen Gelände wurde es mit Allradantrieb ausgerüstet. Zu seiner Ausstattung gehören neben umfangreichen Spezialgeräten zur Brandbekämpfung eine Tragkraftspritze mit einer Leistung von 800 l/min sowie eine Vorbaupumpe.
Ein Schlauchtransportanhänger kann an das Löschfahrzeug angekoppelt werden. Löschfahrzeuge des Typs LO 2002 A entsprechen voll und ganz dem Bestimmungszweck und haben sich in vielen Situationen bei Brandbekämpfung oder Katastropheneinsätzen bewährt.

Robur

**LÖSCHGRUPPENFAHRZEUG
LO 2002 AKF / LF 8 - TS 8**

Für die Feuerwehren wurden auch einige Änderungen am LF 8-TS 8-STA durchgeführt. Die ohnehin beengten Platzverhältnisse im Aufbau wurden noch knapper, als man die Druckluftatemgeräte in die Rückenlehnen verlagerte. Mit jeder Änderung – und weil die Aufbaukonzeption längst überholt war – wurde der Fahrzeugtyp unpraktischer. Nur die Geländeeigenschaften und seine umfangreiche Bestückung machten das Fahrzeug interessant.

Robur

BESTÜCKUNG

9 Bergbau-Gasschutzgeräte
1 Wiederbelebungsgerät
1 Sauerstoffflasche 10 l
3 Kästen für je 5 Sauerstoffflaschen 2 l
2 Kästen für je 5 Alkalipatronen
2 Kästen für je 5 Grubenhandlampen
1 Kasten für Ersatzbatterien
diverse Werkzeuge und Ersatzteile usw.

SONSTIGE TECHNISCHE DATEN

Länge 5600 mm · Breite 2365 mm · Höhe 2600 mm
Leermasse   3700 kg
Gesamtmasse, zulässig   5000 kg
Achslast vorn, zulässig   2150 kg
Achslast hinten, zulässig   3100 kg

GRUBENWEHR-EINSATZWAGEN GEW

Der Grubenwehr-Einsatzwagen GEW ist auf dem mit zuschaltbarem Vorderantrieb und Geländegang ausgerüsteten Fahrgestell LO 1800 vom VEB Robur-Werke Zittau aufgebaut.

AUFBAU

Der Aufbau ist als geschlossener Koffer ausgeführt und in Mannschaftskabine und Geräteräume unterteilt.

AUSSTATTUNG

Sitzgelegenheit für 2 Mann im Fahrerhaus einschl. Fahrer und 6 Mann in der Mannschaftskabine. Im Mannschaftsraum sind Ablagerungen für die persönlichen Ausrüstungsgegenstände vorhanden. Die Geräteräume sind mit Halterungen für die Bestückung vorgesehen und bequem von außen durch 3 Doppeltüren zugänglich.

GEW

Die nächste Generation der Grubenwehr-Einsatzwagen (GEW) entstand in Görlitz auf Robur LO 1800 A. Im Gegensatz zum GEW auf H 3 A-Basis verfügte das Fahrzeug über Allradantrieb.

Da für diesen Fahrzeugtyp keine Doppelkabinen verfügbar waren, mußte die Mannschaft im Aufbau sitzen. Auch hier bestand die Ausrüstung aus Bergbau-Gasschutzgeräten mit Ersatzsauerstoffflaschen und Alkalipatronen.

S 4000-1

FAHRGESTELLE — DIESELLASTKRAFTWAGEN **S 4000-1**

Der Lkw S 4000-1 löste den H 3 A ab. Neben der Erhöhung der Nutzlast auf 4 Tonnen hatte man auch die Motorleistung von 80 auf 90 PS angehoben und den Radstand um 30 cm verlängert. Im Prospekt über die S 4000-1-Fahrgestelle werden die einzelnen Unterschiede beschrieben, die Kennzeichnung erfolgte als SW (Sonderwunsch).

DIESELLASTKRAFTWAGEN-FAHRGESTELL TYP S 4000-1 SW 5

Dieses Fahrgestell S 4000–1, SW 5 wird ohne Fahrerhaus mit einer festen Stirnwand produziert. Als Aufbau für dieses Fahrgestell ist das Tanklöschfahrzeug TLF 16 und das Löschfahrzeug LF 16 vorgesehen. Das Fahrgestell ist mit einem Zusatzgetriebe 0,645 : 1 übersetzt mit Schaltsperre ausgerüstet. Die zum Heck führenden Gestänge für Kupplung, Gas und Nebengetriebeantrieb dienen dazu, die Heckpumpe zu bedienen.

Gesamtlänge:	6325 mm
Radstand:	3550 mm
Nebengetriebe:	i = 0,645:1 übersetzt mit Schaltsperre
kleinster Wendekreis ⌀:	15,25 m
zulässige Gesamtmasse:	8100 kg
zulässige Vorderachslast:	2550 kp
zulässige Hinterachslast:	5550 kp
zulässige Anhängemasse:	8100 kg
Hinterachsübersetzung:	5,14:1
Höchstgeschwindigkeit:	75 km/h
Kraftstoffnormverbrauch:	17,5 l/100 km

S 4000-1

DIESELLASTKRAFTWAGEN S 4000-1

Im Prospekt wird der Aufbau der Feuerlöschfahrzeuge beschrieben als »Schweißkonstruktion aus Stahlleichtprofilen, durch Hartholzgerippe ergänzt, mit Blechaußenverkleidung. Innenverkleidung aus Sperrholz mit Hartfaserplatten. Blechdach mit Lattenrost. Pendelwinker kombiniert mit Blinkleuchten«.

S 4000-1

FEUERLÖSCHKREISELPUMPE FPH 16/8 – H 100

VEB FEUERLÖSCHGERÄTEWERK JÖHSTADT

Die Feuerlösch-Kreiselpumpe wird im Heck des Fahrzeuges eingebaut. Sie wird angetrieben durch den Fahrmotor über ein Nebengetriebe mit besonderer Gelenkwelle. Mit den am Fahrgestell angebrachten Bedienungshebeln ist eine bequeme Betätigung der Fahrzeugkupplung, der Schaltung des Nebengetriebes sowie auch die Drehzahlregulierung möglich. Die Pumpe ist eine zweistufige Kreiselpumpe. Sie besitzt einen A-Saugeingang und vier B-Druckausgänge. Auf der Pumpe ist ein Mehrwegehahn aufgesetzt. Die Pumpe enthält Räume für Durchlauf von Kühl- oder auch Heizwasser. Zum Entlüften ist eine Wasserringpumpe organisch angebaut. Die Wellenabdichtung erfolgt durch Knetpackung, die während des Betriebes nachgepackt werden kann. Ein Manometer, ein Manovakuummeter sowie ein Tachometer sind als Kontrollinstrumente angebaut. Als Werkstoff wird für Gehäuse und Laufräder korrosionsbeständige Leichtmetallegierung verwendet. Alle Leichtmetallteile werden zusätzlich noch eloxiert. Die Pumpenwelle besteht aus rostfreiem Stahl.

Das Fahrgestell wurde nur mit Motorhaube und Spritzwand zum Aufbauhersteller geliefert, wo als erstes die Feuerlöschpumpe und der Gelenkwellenzug vom Nebengetriebe zur Pumpe eingebaut wurde. Von der Pumpe wurden Leitungen zum Kühlkreislauf des Motors verlegt, so daß separate Kühl- und Heizkreisläufe entstanden.

TECHNISCHE DATEN

Nennförderstrom   Q = 1600 l/min
Nennförderhöhe   H = 80 m WS
Nenndrehzahl   n = 2200 U/min
Antriebsleistung N = ca. 43 PS
Stufenzahl   2

GEWICHT UND ABMESSUNGEN DES AGGREGATES

Gewicht ca. 135 kg
Länge   ca. 1000 mm
Breite   ca. 1850 mm
Höhe   ca. 700 mm

Planposition 22 82 100
Warennummer 32 37 28 00

VEB FEUERLÖSCHGERÄTEWERK JÖHSTADT
JÖHSTADT (ERZGEB.)
Exporteur: WMW-Export – Deutscher Innen- und Aussenhandel, Berlin W 8, Mohrenstrasse 61

S 4000-1

LÖSCHFAHRZEUG LF 16

Aus einem Prospekt für das LF 16 der VEB Feuerlöschgerätewerke Luckenwalde.

auf 4-to-Fahrgestell S 4000-1, SW 5, mit 4-Zylinder-Dieselmotor 90 PS. Fahrer- und Mannschaftsraum für die Löschgruppe von 1 und 8 Personen. Feuerlöschpumpe 1600 l/min bei 80 m Förderhöhe im Fahrzeugheck eingebaut. Wassertank 400 l aus glasfaserverstärktem Polyester. Lagerungsvorrichtung für eine seitlich einschiebbare Tragkraftspritze TS 8/8. Fahrbare Schlauchhaspel nach DIN 14350 mit abnehmbarer Aufprotzvorrichtung. Aufbau in Gemischtbauweise gefertigt. Einbaumöglichkeit eines UKW-Funkgerätes. Dachladegerüst für tragbare Leitern und Saugschläuche. Bestückung nach Bauvorschrift.

VEB FEUERLÖSCHGERÄTEWERK LUCKENWALDE

S 4000-1

LF 16 mit geöffneten Türen zu den Laderäumen in Fahrtrichtung links

Beim Löschfahrzeug LF 16 auf S 4000-1 wurde durch das geänderte Fahrgestell gegenüber dem LF 15 eine Tragkraftspritze TS 8 in die Bestückung aufgenommen; damit wurde das Fahrzeug universeller einsetzbar. Statt der TS 8 konnten zusätzliche Schläuche oder technisches Gerät mitgeführt werden. Das auf der gegenüberliegenden Seite abgebildete LF 16 ist das Baumuster, nur bei diesem Fahrzeug wurde eine zusätzliche, feste Saugleitung nach vorn eingebaut. Das Fahrzeug lief bei der FF Röbel.

S 4000-1

Die Herstellung von Tanklöschfahrzeugen erfolgte bis 1965 im Feuerlöschgerätewerk Jöhstadt, als die Fertigung in das Feuerlöschgerätewerk Luckenwalde verlagert wurde, das dafür die Pumpenproduktion (mit Ausnahme der TS 3) abgab.

Als Hintergrund dient hier die Hauptfeuerwache in Leipzig. Weil in Leipzig die Sparte »Werbung und Messen Feuerlöschgeräte« ansässig und das Gebäude der Hauptfeuerwache attraktiv war, wurde das Motiv öfter verwendet.

S 4000-1

Beim TLF 16 nahm man im Gegensatz zum LF 16 beim Übergang auf das S 4000-1-Fahrgestell eine völlige Änderung des Aufbaus vor sowie eine geringe Erweiterung der Bestückung. Durch diesen Gewichtszuwachs war eine Vergrößerung des Tankinhalts nicht möglich – gegenüber dem TLF 15 H 3 A verringerte er sich sogar noch etwas.

S 4000-1

Für die chemische Industrie, für große Schaltzentralen und zur Bekämpfung von Laderaumbränden auf Schiffen wurde einige Kohlensäurelöschfahrzeuge CO2-LF gefertigt. Im Aufbau befanden sich 600 kg Kohlendioxid in 20 Stahlflaschen. Je nach Ausführung konnte das Löschen über vier oder sechs Hochdruckschläuche erfolgen, die auf Haspeln angeschlossen waren.

S 4000-1

Für Betriebsfeuerwehren wurde das vorhandene Löschfahrzeug in einer Sonderbauform als Chemie-Löschfahrzeug 16 gebaut. Statt der Tragkraftspritze gab es hier eine Kohlendioxid-Löschanlage, bestehend aus vier Flaschen und einer Hochdruckhaspel. Der Wassertank war auf 50 Liter verkleinert worden, dafür wurde ein Polyestertank für 200 L Schaummittel eingebaut. Fest installierte Zumischer vervollständigten die Schaumanlage.

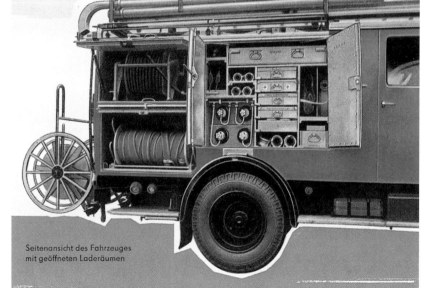

Seitenansicht des Fahrzeuges mit geöffneten Laderäumen

S 4000-1

Mit dem S 4000-1 war ein Fahrgestell verfügbar, das für den Aufbau einer Drehleiter geeignet war. Zuvor hatte es im Feuerlöschgerätewerk Luckenwalde die Entwicklung einer Drehleiter auf einem Niederrahmenfahrgestell N7 gegeben, das eine Abwandlung der H6 darstellte. Die Erfahrungen aus dieser Entwicklung flossen in die DL 25 ein.

S 4000-1

Ladder tower erected, seen in the rear

SAFETY DEVICES:

The revolving fire ladder mounted on motor car, type DL 25 h, is equipped with safety devices ensuring a secure operation. By using the oil-hydraulic system these safety devices are essentially simplified. A **controlled tilting safety device** stops the ladder motions as soon as the stability limit is reached. The operator is able, at any time, to read exactly from a new **using field indicator** inclination and length of the ladder as well as its position with regard to the stability limit.

By means of **safety devices against impacts** arranged in the ladder gear deformations of the ladder are avoided when the latter is pushed against a building. In such cases the ladder motion is stopped automatically. Uncontrollable ladder motions caused by an eventual pipe break are prevented by special devices mounted in the oil-hydraulic system.

The stability of the ladder depends on putting in the rear axle spring locking device, for this reason the ladder can only be erected after having operated said locking device. With the help of an automatic adjusting device the ladder is always kept in vertical position, even when the motor car is placed in uneven ground.

Von der Drehleiter 25, die zu jener Zeit sehr konkurrenzfähig war, wurden viele Fahrzeuge exportiert. Vor allem die »befreundeten sozialistischen Länder« deckten damit einen Teil ihres Bedarfes, denn außer in der Sowjetunion wurden dort keine eigenen Drehleitern gefertigt. In einem Exemplar wurde der DL-25-Aufbau auf einem anderen Fahrgestell gefertigt – auf einem britischen Commer für eine niederländische Feuerwehr.

S 4000-1

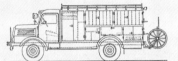

Typenblatt für den SKW / 59 des VEB Kraftfahrzeugwerkes Ernst Grube, Werdau, von 1960.

S 4000-1

Die Weiterentwicklung des Schlauchkraftwagens auf dem S 4000-1 erhielt wie das LF 16 eine zusätzliche Tragkraftspritze und weitere 200 m Druckschläuche. Damit wurden rund 1400 m Druckschläuche mitgeführt, von denen ein Teil während der Fahrt verlegbar war. Die Bezeichnung änderte sich nun in SKW 14. Ein Dreibock und eine geringe Anzahl von Armaturen erweiterten die Einsatzmöglichkeiten. Es gab die Möglichkeit, beim Auslegen der Schlauchleitung parallel eine Telefonleitung zu verlegen – mobile Funktechnik war noch nicht verfügbar.

SKW 14 mit geöffneten Türen und Klappen der Laderäume in Fahrtrichtung links

S 4000-1

Rettungsgerätewagen RTGW/59

S 4000-1

TYPENBLATT

Typenblatt zum Rettungsgerätewagen 4000-12 aus dem Jahre 1960.

Allgemeine Daten des Fahrgestelles

Motor:
4-Zylinder-Viertakt-Dieselmotor Typ EM 4–22
(Wirbelkammerverfahren)
Bohrung 115 mm   Hub 145 mm
Gesamthubraum 6024 cm³
Nutzleistung 90 PS bei 2200 U/min
Umlaufwasserkühlung mit Zahnraddoppelpumpe
Druckumlaufschmierung mit Zentrifugalpumpe
Zyklon – Ölbad – Luftfilteranlage
Spalt-Feinsieb-Ölfilteranlage
1 Kraftstoffilter
IFA-Einspritzpumpe DEP 4 BS 214
mit IFA-Zapfendüsen SD 2 Z 45
Einspritzdruck 110 atü
Kraftstoffnormverbrauch 17,5 l / 100 km
Ölverbrauch 0,4 bis 0,6 l / 100 km

Kupplung:
Einscheiben-Trockenkupplung Renak HR 42

Getriebe:
5-Gang-Wechselgetriebe EGS 5 N mit ständig im
Eingriff stehenden Zahnrädern; 2. bis 5. Gang
synchronisiert
Nebengetriebe für Feuerlöschpumpe

Vorderachse:
geschmiedete Faustachse; Sturz 2°
Vorspur 0 bis 4 mm
Spreizung 6°
Nachlauf 5°

Hinterachse:
Hinterachskörper in Banjoform, 2 U-Profile
Antrieb durch 2 Gelenkwellen mit Zwischenlager
Kegel- und Tellerrad des Achsantriebes in
Gleasonverzahnung
Hinterachsübersetzung 5,14 : 1

Federung:
vorn 2 Halbelliptikfedern, hinten 2 Halbelliptikfedern mit Zusatzfedern

Fahrgestellrahmen:
2 gepreßte Stahlblech-U-Längsträger, Fischbauchprofil mit glatter Oberkante; 6 eingeschweißte Querträger

Räder und Bereifung:
Stahlscheibenräder mit Schrägschulterfelge
6,50 – 20
vorn einfach, hinten zwillingsbereift 8,25 – 20 e HD
1 komplettes Reserverad im Fahrzeugaufbau
vorn links gelagert

Lenkung:
Schneckenlenkung mit rollengelagertem Lenkfinger

Bremsen:
Öldruckbremsanlage, auf alle Räder wirkend
mechan. Handbremse, auf Hinterachse wirkend
Anhängerbremsung mit Druckluft

Kraftstoffbehälter:
Inhalt 100 l, Kraftstofförderung durch Kolbenpumpe

Elektrische Anlage:
Lichtmaschine 12 V / 500 W mit getrenntem
Spannungsregler
Anlasser 24 V / 4 PS   2 Sammler 12 V / 135 Ah

Fahrerhaus mit anschließendem Mannschaftsraum
vorn 3 Sitze, Fahrersitz verstellbar
hinten 1 Sitzbank für 4 Mann
4 Türen mit Kurbelfenster
Windschutzscheibe geteilt, beiderseitig ausstellbar
Warmluftheizung
Kühlerjalousie vom Fahrersitz aus regulierbar
eingebaute Kennlichter, Suchscheinwerfer
mit verstellbarem Fokus und Blaukalotte,
Rasselwecker und Feuerwehr-Signalhorn

Getriebeübersetzungen	Geschwindigkeiten in der Ebene	Max. Steigungen
1. Gang 8,62 : 1	8,7 km	31,0 %
2. Gang 4,56 : 1	16,4 km	16,2 %
3. Gang 2,62 : 1	28,7 km	8,5 %
4. Gang 1,59 : 1	47,2 km	5,0 %
5. Gang 1,00 : 1	75,0 km	2,0 %
R-Gang 6,38 : 1		

Gewichte und Abmessungen:
größte Länge   6491 mm
größte Breite   2370 mm
größte Höhe (Oberkante Aufbau) 2344 mm
unbelastet   3550 mm
Radstand   1652 mm
Spurweite vorn   1663 mm
Spurweite hinten   240 mm
Bodenfreiheit   8100 kp
zulässiges Gesamtgewicht   2550 kp
zulässiger Vorderachsdruck   5550 kp
zulässiger Hinterachsdruck   4000 kp
Nutzlast   4500 kp
Anhängelast (Brutto)

S 4000-1

Mit dem Rettungsgerätewagen RTGW entstand in der DDR ein eigener Fahrzeugtyp, der nur bei größeren Berufsfeuerwehren und wenigen Betriebsfeuerwehren vorhanden war. Das Fahrzeug wurde im Zusammenwirken mit anderen Fahrzeugen eingesetzt und ergänzte deren Ausrüstung. Vorgesehen waren die RTGW für Rettungs-, Schutz- und Tauchereinsätze. Bei Großeinsätzen dienten sie auch zur medizinischen Betreuung und Versorgung der Einsatzkräfte mit Atemschutzgeräten.

S 4000-1

GRUBENWEHR-EINSATZWAGEN auf Sachsenring-Fahrgestell

Fahrgestell	Fabrikat Sachsenring Typ S 4000-1 SW 7 Zul. Gesamtgewicht. 8100 kg Radstand . . . . 3550 mm Kleinst. Wendekreis ⌀ 15,3 m
Motor	Wassergekühlter Vierzylinder- Viertakt-Dieselmotor Hubraum 6024 cm³ Leistung: 90 PS bei 2200 U/min
Getriebe	5 Vorwärtsgänge (2. bis 5. Gang synchronisiert) 1 Rückwärtsgang Einscheiben-Trockenkupplung
Fahrwerte	Höchstgeschwindigkeit bei voller Belastung auf guter, ebener Straße im 5. Gang = max. 75 km/h Max. Steigvermögen (ohne Anhänger) = 32 % Kraftstoffnormverbrauch 15,9 l/100 km
Elektrische Anlage	Lichtmaschine 12 V/500 W 2 Bleisammler zu je 12 V/135 Ah
Bereifung	Sechsfach (vorn einfach, hinten Zwilling), 8,25–20 e. HD 1 Reserverad
Abmessungen	Max. Länge . . . . . ca. 6390 mm Max. Breite . . . . ca. 2200 mm Max. Höhe (beladen) . ca. 2450 mm
Aufbau	Fahrerhaus und Mannschaftsraum mit anschließenden Geräteräumen in getrennter Ausführung.
Fahrerhaus	Hierfür findet das serienmäßige Fahrerhaus vom VEB Sachsenring Verwendung. Es bietet bequem Platz für drei Personen. Die große geteilte und ausstellbare Windschutzscheibe bietet in Verbindung mit den seitlichen Kurbelfenstern gute Sichtmöglichkeiten. Klar und übersichtlich ist die Anordnung aller Bedienungselemente und Kontrollinstrumente.

VEB FEUERLÖSCHGERÄTEWERK GÖRLITZ

Auch auf dem S 4000-1 entstanden im Feuerlöschgerätewerk Görlitz einige Grubenwehr-Einsatzwagen. In dieser Ausführung hatten 13 Personen Platz; es wurden zehn Bergbau-Gasschutzgeräte mitgeführt. Die Gasschutzgeräte waren größer als die Geräte bei den Feuerwehren, man konnte mit ihnen zwei Stunden arbeiten. Die mitgeführten Austauschteile ermöglichten das zweimalige Wiederherstellen der Einsatzbereitschaft der Gasschutzgeräte.

W 50

Unter dem Slogan »Konzentrierte Kraft« wurde die Produktpalette des VEB IFA-Kombinat Nutzkraftwagen Ludwigsfelde vorgestellt. In diesem Kombinat waren die Produzenten der Nutzfahrzeuge W 50, Robur und Multicar sowie die Aufbauhersteller zusammengeschlossen.

Der Nachfolger des LKW S 4000-1 war in Werdau als 5-t-Lkw entwickelt worden, deshalb auch die Bezeichnung W 50. Durch die Einstellung der Bestrebungen zum Flugzeugbau in der DDR freigewordene Kapazitäten im Industriewerk Ludwigsfelde führten zur Verlagerung der Lkw-Produktion von Werdau hierher.

W 50

Der W 50 brachte die erhofften Neuerungen. Ein stärkerer Motor, zunächst 110 PS und dann 125 PS, eine Nutzlasterhöhung auf 5 t und Bremskraftverstärkung waren schon gewünschte Verbesserungen. Zwei Jahrzehnte lang wurde der W 50 fast unverändert hergestellt.
Auch bei den Aufbauten traten einige Änderungen ein. Konzentration der Fertigung auf das LF 16, das TLF 16 und die DL 30, Steigerung der Fertigungszahlen bei diesen Typen und verstärkter Export führten dazu, daß für die Sonderfahrzeugproduktion keine Kapazität vorhanden war und die Feuerwehren sich mit Interimslösungen begnügen mußten. Das waren zum Beispiel die zum Rettungsgerätewagen umfunktionierten Bautruppwagen, der Ausbau einiger für den Müll- und Abfalltransport geschaffenen Containerfahrzeuge zu Schlauchwagen und Umbauten von Mehrzweckkoffer-Lkw zu Gerätewagen.

W 50

Bei den W 50-Feuerlöschfahrzeugen wurde die Trennung von Mannschaftskabine und Aufbau durchgesetzt. Während die Kabinen in Ganzstahlbauweise ausgeführt wurden, wiesen die Kofferaufbauten Gemischtbauweise (Hartholzgerippe mit Blechbeplankung) auf. Zunächst wurden die Kabinen in Luckenwalde gefertigt, später erfolgte eine Verlagerung der Produktion zum Karosseriewerk Wilsdruff.

W 50

So stellte der IFA-Betrieb in Ludwigsfelde sein L/LF 16 vor.

IFA W 50 L/LF 16

Löschgruppenfahrzeug

Das Löschgruppenfahrzeug IFA W 50 L/LF 16 ist ein Sonderfahrzeug für die Feuerwehr. Es dient dem schnellen Transport einer Löschgruppe von 10 Feuerwehrleuten zur Brandstelle. Die Ausrüstung des Fahrzeuges mit Löschmitteln, Löschgeräten und einer im Fahrzeugheck eingebauten Feuerlöschpumpe erlauben der Besatzung die unmittelbare und wirkungsvolle Durchführung von Löschangriffen.

Der kofferartige Geräteraumaufbau enthält die gesamte löschtechnische Ausrüstung. Die jeweils benötigten Geräte können schnell, und ohne gegenseitige Behinderung der Löschtrupps, entnommen werden. Die Geräteräume und der Pumpenraum im Heck sind beleuchtet, die Türen sind mit einer Feststellvorrichtung versehen.

Auf dem Dach des Aufbaus sind die sperrigen Teile wie z. B. Leitern, Saugschläuche, Schaumgießgestänge in einem Gestell gelagert. Ein Tank für die Mitführung von 200 l Schaumbildner, ein Vormischer an der Pumpe und ein besonderes Schaumstrahlrohr ermöglichen auch den Einsatz von Luftschaum zur Brandbekämpfung.

Die Feuerlöschkreiselpumpe fördert 2200 l/min bei einem Druck von 80 m WS und einer Saughöhe von 1,50 m.

Das Fahrzeug kann mit Sprechfunkanlage und Sondersignalen für Einsatzfahrzeuge der Feuerwehr ausgerüstet werden.

F 293-70 · IV-26-10 10.0 (199)

W 50

Abb. 4 Die im Heck des Löschgruppenfahrzeuges eingebaute Feuerlöschkreiselpumpe. Über dem Pumpenraum die Reservekanister für Schaumbildner.

Abb. 2 und 3 Ein Blick auf die Ausrüstung.

Beim Löschfahrzeug LF 16 auf W 50 L erfolgte abermals eine Erweiterung der mitgeführten Bestückung. Eingebaute Tanks konnten 200 Liter Wasser und 200 Liter Schaummittel aufnehmen. Die Feuerlöschpumpe im Heck hatte eine Leistung von 2200 Liter pro Minute.

W 50

Rarität: Ein in französischer Sprache abgefaßtes Werbeblatt für das LA/TLF 16 mit 6,6-Liter-Dieselmotor.

W 50

Das Wendestrahlrohr auf dem Dach konnte für die Benutzung 40 cm pneumatisch ausgefahren werden. Der vordere Teil war durch genormte Feuerwehrkupplungen leicht abkuppelbar, dort konnte ein handelsübliches Schaumstrahlrohr angeschlossen werden.

Das Tanklöschfahrzeug verfügte über Tanks für 2000 Liter Wasser und 500 Liter Schaummittel. Wie das LF 16 hatten die ersten Tanklöschfahrzeuge eingebaute Pumpenvormischer; ab 1976 wurden Zumischvorrichtungen mit gesonderter Schaummittelpumpe eingebaut.

W 50

L/DL 30
Drehleiter

L/DL 30 aus Ludwigsfelde. Die Zahl 30 bezieht sich auf die Steighöhe in Metern.

W 50

Technische Daten:

Motor: Vierzylinder-Viertakt-Diesel
Motorleistung: 125 PS (n = 2300 U/min⁻¹)
Wechselgetriebe: 5 Vorwärts-, 1 Rückwärtsgang, sperrsynchronisiert vom 2.-5. Gang
Höchstgeschwindigkeit: 75 km/h
Radstand: 3700 mm
Hinterachsübersetzung: 5,36
Zulässige Gesamtmasse: 9800 kp
Bereifung: 8,25 – 20 verstärkt, 2 vorn, 4 hinten
Sondersignale für Einsatzfahrzeuge der Feuerwehr

Länge des Fahrzeuges: 8900 mm
Breite des Fahrzeuges: 2500 mm
Höhe des Fahrzeuges: 3200 mm
Drehleiter
Größte Steighöhe bei 70° Neigung: 30 m
Größte Ausladung an der Freistandgrenze: 12 m
Größte Ausladung an der Benutzungsgrenze: 15 m

Von der Drehleiter DL 30 auf W 50 wurden über elfmal so viele hergestellt wie von ihrer Vorgängerin, der DL 25 auf Basis S 4000-1. Die Drehleiter verfügte über ein an der Leiterspitze einzuhängendes Wendestrahlrohr; an der Leiterspitze konnten bei Bedarf Scheinwerfer aufgesteckt werden. Der Leitersatz war für den Kranbetrieb zum Heben von Lasten bis zu einer Tonne eingerichtet.

W 50

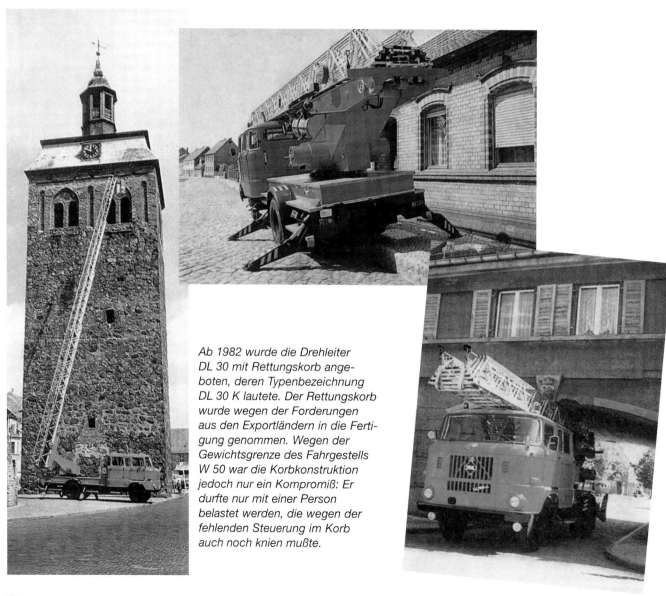

Ab 1982 wurde die Drehleiter DL 30 mit Rettungskorb angeboten, deren Typenbezeichnung DL 30 K lautete. Der Rettungskorb wurde wegen der Forderungen aus den Exportländern in die Fertigung genommen. Wegen der Gewichtsgrenze des Fahrgestells W 50 war die Korbkonstruktion jedoch nur ein Kompromiß: Er durfte nur mit einer Person belastet werden, die wegen der fehlenden Steuerung im Korb auch noch knien mußte.

W 50

Wir haben über 100 Jahre Erfahrung auf dem Gebiet der Feuerwehrtechnik

Das ist die praxisgerechte, vollhydraulische DREHLEITER DL 30 für die Rettung von Menschen, Brandbekämpfung und technische Hilfeleistungen

Drehleitern DL 30 können auf allen technisch geeigneten Fahrgestellen aufgebaut werden.

Durch den Korbeinsatz veränderten sich die dynamischen Kräfte beim Leitereinsatz, deshalb wurde die Abstützung von der Spindelausführung auf die klappbare Schrägabstützung geändert. Für die Volksrepublik Polen wurde eine DL 30 K auf ein Jelcz-Fahrgestell aufgebaut, vermochte aber nicht zu überzeugen. Der erhoffte Auftrag zur Lieferung weiterer DL 30 K blieb aus.

W 50

Drehleiter DL 23–12 auf MB-Fahrgestell 1120 F
Durch den mitgeführten Rettungskorb, der 2 Personen aufnehmen kann, ist diese Drehleiter auch als DLK 18–12 einsetzbar.

Als Weiterentwicklung der DL 30 K wurde 1986 die DL 30/01 vorgestellt. Der Leitersatz war mit Einzugsseilen versehen worden und damit in waagerechter Lage einziehbar. Eine DL 30/01 wurde 1989 versuchsweise für den Unterflurauszug gebaut, doch die politische Entwicklung ließ die Weiterentwicklung nutzlos werden.

1990 wurde die Leiterkonstruktion der DL 30/01 auf ein Chassis des Mercedes-Benz 1120 aufgesetzt und angepaßt. So entstand eine DL 23-12, die mit geändertem Korb als DLK 18-12 einsetzbar war. Die erste Drehleiter ging an die FF Burgstädt und erfuhr später einige Umbauten.

W 50

W 50 LA/F
Güllefahrzeug mit Allrad

W 50 L/S
Kraftstoff-Tanksattelzug

W 50 L/DL 30
Drehleiterfahrzeug

Das Tanklöschfahrzeug TLF 16 wurde ab 1985 mit einem in Ganzstahlbauweise völlig neu konstruierten Koffer gefertigt. Unter anderem erhielt das Wendestrahlrohr ein zusätzliches Schaumstrahlrohr mit Umschalteinrichtung. Das TLF 16-GMK erschien erst 1990 in einem Prospekt, zu einer Zeit, als sich die Fahrzeuge nicht mehr verkaufen ließen.

Bei der DL 30/01 war die Mannschaftskabine zugunsten von Geräteräumen gegen das normale Fahrerhaus getauscht worden. Die Drehleiter führte nun eine umfangreichere Ausrüstung wie Sprungpolster, Leichtschaumgerät 4/400, Stromaggregat 3,3 kVA, Beleuchtungsgerät mit. Der Korb war noch immer mit nur einer Person belastbar.

Roman

DREHLEITER DL 30
SCARA ROTATIVA DL 30

Für Rumänien wurden ab 1977 insgesamt 106 DL 30 auf dem Fahrgestell Roman 8.135 (eine MAN-Lizenzfertigung) gebaut.

Roman

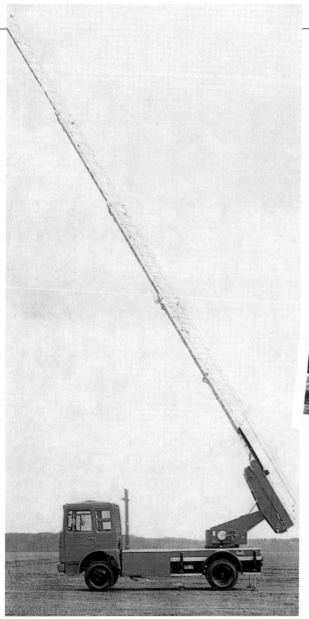

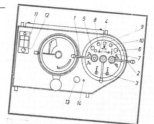

Das zentrale Schaltpult am Drehturm mit den diversen Bedienungs-, Anzeige- und Kontrolleinrichtungen

1. Schalthebel für Aufrichtegetriebe
2. Schalthebel für Ausgangsgetriebe
3. Schalthebel für Drehgetriebe
4. Drehzahlregulierung
5. Schaltknopf für „Motor anlassen"
6. Schaltknopf für „Abschaltung entsichern"
7. Schaltknopf für „Abschaltung aller Bewegungen"
8. Kontrollampe für „Nebengetriebe eingeschaltet"
9. Kontrollampe für „Besteigen im Freistand verboten"
10. Kontrollampe für „Achsverriegelung angeschaltet"
11. Kontrollampe für „Leiter überlastet"
12. Schaltknopf für Kranbetrieb
13. Schaltknopf für Entsicherung
14. Schaltknopf für Arbeitsscheinwerfer

Pupitrul central de comandă dispus la turnul rotativ cu diverse elemente de deservire, indicare şi control

1. manetă pentru mecanismul de ridicare
2. manetă pentru mecanismul de telescopare
3. manetă pentru mecanismul de rotire
4. regulator de turaţie
5. buton pentru „pornire motor"
6. buton pentru „desasigurare a deconectării"
7. buton pentru „oprire toate mişcările"
8. lampă de control pentru „mecanism auxiliar cuplat"
9. lampă de control pentru „interzisă urcarea la simplă rezemare"
10. lampă de control pentru „blocaj osie cuplat"
11. lampă de control pentru „scara suprasolicitată"
12. buton pentru exploatarea ca macara
13. buton pentru desasigurare
14. buton pentru faruri de lucru

Wegen der schlechten wirtschaftlichen Lage der Rumänen erfolgte die Drehleiterproduktion als Kompensationsgeschäft gegen Lieferung weiterer Roman-Lastwagen. In Rumänien wurden die Fahrgestelle mit Hilfsrahmen, Abstützkonstruktion, Podest und Hydraulikvorrüstung vorbereitet und per Achse nach Luckenwalde gefahren. An der fertigen Drehleiter wurden in Luckenwalde auch nur die dort angebauten Teile lackiert. Die Messe-Drehleiter für Leipzig, die im Prospekt abgebildet ist, mußte komplett lackiert werden – mit den unterschiedlichen Farben wollte man sie nicht ausstellen.

Roman

Die Drehleiter „DL 30" entspricht den intern
men. Sie kann auf allen Fahrgestellen, die d
technischen Parameter erfüllen, aufgebaut

Scara torativă „DL 30" corespunde normelo
Ea poate fi montată pe orice șasiu care înde
trii tehnici necesari.

Roman

Die wichtigsten Merkmale der Drehleiter sind:
- Zuverlässigkeit
- kurze Rüstzeit
- problemlose Bedienung
- elektrohydraulische Überwachungs- und Steuerungssysteme
- vielseitige Einsatzmöglichkeit

Caracteristicile principale ale scării rotative sint:
- siguranță
- timp scurt de montare
- deservire simplă
- sisteme electrohidraulice de supraveghere și comandă
- posibilități de folosire

In der Ausführung DL 30 K wurden 41 Leitern auf das Roman-Fahrgestell aufgebaut. Ein Einbau von Martinshorn, Sirene oder Kennleuchten erfolgte nicht; dafür standen keine Mittel zur Verfügung.

Der freistehende Johannisturm der Luckenwalder Kirche wurde schon immer gern als Fotomotiv gewählt. Weil das Fahrerhaus wesentlich höher als das vom W 50 war, nahm man zwischen Aufrichtrahmen und Leitersatz eine Höhenkorrektur durch einen Kasten vor.

Roman

Arbeits-Rettungsbühne ARB 9

Technische Kurzbeschreibung

Vorgesehen war die ARB 9 vor allem für Reparaturen an der Straßenbeleuchtung, an Gebäuden, Signalanlagen usw. Ein hoher Aufwand, wenn man bedenkt, welch unhandliches Gerät für 10 m Arbeitshöhe entstanden war. Immerhin sind elf Stück gebaut worden.

Aus Mangel an geeignetem Gerät für Kommunalbetriebe entstand die Entwicklung der Arbeits- und Rettungsbühne ARB 9. An die Unterleiter der DL 30-Konstruktion war ein Arbeitskorb angebracht worden, dadurch war ein Hilfsmittel für Arbeiten bis zu 10 m Höhe entstanden.

MLW

Die letzte Generation der Fahrzeuge für die Grubenwehren hieß Grubenrettungswagen und wurde vom VEB MLW Labortechnik Ilmenau auf normalen W 50-Fahrgestellen aufgebaut.

Im Aufbau war Platz für zehn Personen. 14 Regenerationsgeräte wurden mitgeführt, davon 12 Stück als 2-Stunden-Geräte. Die Anzahl der Reserve-Sauerstoffflaschen und Alkalipatronen ermöglichten ein zweimaliges Wiederherstellen der Funktionstüchtigkeit der Regenerationsgeräte.

Multicar

Von dem universellen Multicar wurden zwei Fahrzeuge im Fahrzeugwerk Waltershausen als Kleinlöschfahrzeuge aufgebaut. Für die Mannschaft waren offene Bänke vorhanden, die Tragkraftspritze wurde von hinten eingeschoben, die Bestückung eines Tragkraftspritzenanhängers wurde offen und in Kästen seitlich untergebracht. Die beiden Fahrzeuge sind noch bei Feuerwehren im Einsatz.

P2M

Als in der DDR noch Verkehrsflugzeuge gebaut wurden, beschäftigte man sich mit Spezialfahrzeugen fürs Flugwesen. In diesem Prospekt aus Görlitz werden Feuerlösch-Vorausfahrzeuge und Rettungsgerätewagen mit Einachsanhänger beschrieben.

Ein Vorausfahrzeug mit 350 kg Bromidlöschanlage wurde auf der Basis des Geländewagens P2M im Feuerlöschgerätewerk Görlitz gebaut. Das Fahrzeug war in der Flugzeugwerft Dresden im Einsatz. Zur Produktion weiterer Rettungsgerätewagen kam es nicht.

In den ersten Jahren der DDR entstanden einige schöne Einzelexemplare von Feuerwehrfahrzeugen. Zu jener Zeit war die Beschaffung eines geeigneten Fahrgestells die größte Hürde.

WERKSTATT- UND NACHRICHTENFAHRZEUG

Der in den Abbildungen dargestellte Nachrichten- und Werkstattwagen ist ein Sonderaufbau für die Feuerwehr.

Das Fahrzeug ist mit den verschiedensten Werkstattausrüstungen sowie elektrischen Meß- und Nachrichteninstrumenten ausgerüstet.

Vorn sowie am Fahrzeugende ist je ein Lautsprecher in den Aufbau eingearbeitet.

Die besondere Form des Aufbaues verleiht dem Fahrzeug eine gute Straßenlage sowie ein bequemes Hantieren im Aufbau selbst.

VEB FEUERLÖSCHGERÄTEWERK GÖRLITZ

Auf einem alten Magirus (KHD) S 3000 wurde dieses Werkstatt- und Nachrichtenfahrzeug aufgebaut. Durch seitliche Zeltanbauten war man in der Lage, an Brand- und Unfallstellen eine größere Werkstatt zu betreiben.

Export

Der staatliche Außenhandel der DDR gab für Auslandskunden die Zeitschrift »Exportnation Allemande« (»RDA Exportacion«, »DDR Export«) heraus. Hier wurde auch für Feuerlöschfahrzeuge Werbung betrieben. Der Export wurde durch diese Zeitschrift sicherlich nicht wesentlich beeinflußt.

Le fourgon-pompe LF 16 de Luckenwalde

1 et 2
Fourgon-pompe-citerne TLF 16 de la VEB Feuerlöschgerätewerk Luckenwalde

3
Echelle pivotante automobile DL 30 fabriquée également à Luckenwalde

Export

Von 1982 bis 1987 wurden sechs Drehleiteraufbauten auf Mercedes- und MAN-Fahrgestellen für die Firma Bachert in Bad Friedrichshall aufgebaut. In Luckenwalde sollte nichts über die Zusammenarbeit verbreitet werden, und auch bei Bachert hielt man sich mit Informationen zurück.

Bachert-Feuerwehr-Drehleiter DL 23–12
nach DIN 14 701
mit dem Prädikat „GS" (geprüfte Sicherheit)

MERCEDES-BENZ-Feuerwehr-Fahrgestell Typ 1117 F/37
mit serienmäßigem Fahrerhaus, kippbar, Baumuster 676.012–12,
125 kW (170 PS)-Diesel-Motor,
Radstand 3700 mm,
Elektrik 24 Volt,
Batterien 2 x 12 V / 115 Ah,
RQV-Regler ohne Arretierung,
Servolenkung,
2-Kreis-Druckluftbremse, lastabhängig,
Bremsnachstellung automatisch,
Nebenantriebs-Übersetzung 1,48 und
Schaltsperre für Nebenantrieb,
Auspuff vor Vorderachse,
Bereifung 9 R 22,5 (Straßenprofil)

Lackierung: Rahmen, Räder schwarz RAL 9005
Fahrerhaus rot RAL 3000
oder weiß RAL 9010

Die DL 23-12 war im Vergleich zu den Drehleitern von Magirus und Metz nur eine »Einfachleiter« und im Westen kaum gefragt. Aber bei einigen Abnehmern gab der Preis den Ausschlag, und so gingen sechs Leitern bei den Exportgeschäften der Firma Bachert auf andere Kontinente.

Sankra

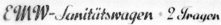

Aus der Reiselimousine EMW 340 wurde eine Variante Sanitätswagen entwickelt. Der EMW war eine Konstruktion, der man die Verwandtschaft zu ihrem Vorgänger, dem BMW 326, nicht absprechen konnte.

Wegen guter Fahreigenschaften war der Wagen bei Fahrern und Patienten sehr beliebt. Im Aufbau konnten ein liegender und ein sitzender Patient oder zwei liegende Patienten befördert werden.

Die erste Ausführung von 1950 war noch mit einem speziellen Ambulanzaufbau versehen worden; nach Erscheinen der Kombiwagenausführung hat man diesen Aufbau entsprechend modifiziert.

Sankra

Véhicule combiné Barkas
En peu de manipulations, l'intérieur de ce véhicule peut être modifié d'une camionnette en voiture automobile ou vice-versa. Par suite des possibilités d'emploi universelles, le véhicule combiné est préféré dans de nombreux cas.

Voiture ambulance Barkas
Ce véhicule spécial est équipé d'une suspension particulièrement douce, afin de permettre le transport ménageant des malades graves et légers et d'une personne d'accompagnement. L'intérieur est chauffable. Il va sans dire que toutes les installations correspondent aux exigences actuelles.

In den ehemaligen Framo-Werken in Hainichen, Sachsen, wurde der Kleintransporter Framo V 901 hergestellt; einige hat man als Sanitätskraftwagen karossiert. Aus einem Exportprospekt in französischer Sprache, dem das gesamte DDR-Fahrzeug- und Motorenprogramm gewidmet ist.

Sankra

Angetrieben wurde der Framo V 901 von einem Dreizylinder-Zweitakt-Ottomotor, der ursprünglich aus dem DKW F 9 stammte. Ab 1957 hieß das Werk VEB Barkas-Werke. Der Name Barkas stammt aus dem Phönizischen und heißt soviel wie »Blitz« oder »der Schnelle«.

Wahlweise konnten vier liegende und zwei sitzende oder zwei liegende und fünf sitzende Personen befördert werden. Zu jener Zeit wurden im Krankentransport noch Sammeltransporte durchgeführt.

GARANTIE FÜR SORGSAMEN TRANSPORT

Eigens für den GARANT-Krankentransportwagen entwickelt:

Die Sonderfederung mit Stoßdämpfer.
Ihr Vorteil: **Weiche Federung auch bei unbeladenem Wagen.**

1. Hängebock mit Fangband
2. Stoßdämpferhebel
3. Zwischenfeder
4. Zwischenfedergehäuse
5. Hauptfeder
6. Zusatzfedern
7. Winkelhebel
8. Federgehänge

WENN MINUTEN ENTSCHEIDEND SIND...

Es gibt für die moderne Technik keine schönere Aufgabe als mitzuhelfen, das kostbarste Gut der Welt – das menschliche Leben – zu schützen und zu erhalten.
In Hinsicht auf dieses Ziel wurde von den ROBUR-WERKEN für den kranken und leidenden Menschen ein Transportfahrzeug entwickelt, das durch seine vielen Vorzüge und Eigenschaften ein wahrhafter Helfer des Menschheit ist.
Oftmals entscheiden Minuten – ja, Sekunden über unser Leben! Da ist es die vorbildliche Konstruktion des GARANT-Krankentransportwagens, die größte Schnelligkeit bei möglichst geringer Erschütterung zuläßt.
Großer Wert wurde auf einen bequemen Einstieg gelegt. Der Transportraum wird durch eine Doppelflügeltür und eine Seitentür erreicht. Beide Türen sind mit ausziehbaren Aufstiegen versehen.
Man kann dem GARANT-Krankentransportwagen vertrauen. Seine Erbauer waren sich ihrer großen Verantwortung bewußt.

Sankra

Camion Garant à caisse
Le grand espace intérieur de ce véhicule fermé est revêtu le plancher recouvert d'iguélite. L'aménagement comprend en outre un éclairage intérieur et une ventilation. La portière latérale droite et la porte arrière à deux battants permettent un déchargement et un chargement faciles.

Voiture ambulance Garant
Avec toutes ses installations, elle sert une mission pleine de responsabilité. L'aménagement de l'intérieur chauffable a été choisi avec le plus grand soin et permet différentes possibilités d'utilisation. Deux à quatre brancards suspendus et plusieurs sièges sont disponibles pour le transport rapide de malades graves ou légers et des personnes d'accompagnement.

Das Fahrgestell des Garant 30 K wurde als Krankentransportwagen modifiziert. Durch den Einbau zusätzlicher Schraubenfedern in die Blattfederhalterung sowie hintere Einfachbereifung wurde der Federung ihre Lkw-Charakteristik genommen.

Sankra

Auf der Basis des allradgetriebenen Fahrgestells Garant 30 K entstand auch eine Reihe von Krankentransportwagen für die Nationale Volksarmee, aber auch in allen Landkreisen beim Deutschen Roten Kreuz waren solche Fahrzeuge für den Katastrophenschutz vorhanden.

„GARANT"-Fahrgestelle in vielseitiger Verwendung

Lebensmittelverkaufswagen

Möbeltransportwagen

Krankentransportwagen mit Allradantrieb

Werkstattwagen

Sankra

Fast drei Jahrzehnte wurde der Barkas B 1000 hergestellt. Durch die Federung mit Federstäben hatte man eine brauchbare Fahrkultur erreicht.

Sankra

B 1000-Krankenwagen gewährt Schwerverletzten stoßfreie Beförderung

Mitunter sind es Sekunden, die bei der Rettung eines Menschenlebens entscheiden.

Vom Start weg erreicht der B 1000 in nur 50 s die Geschwindigkeit von 100 km/h. Der 42 PS-Zweitaktmotor mit einem Drehmoment von 9,8 kp gibt dem B 1000-Krankenwagen ein hohes Beschleunigungsvermögen und ausgesprochen gute Bergfreudigkeit.

Die Schaltung des vollsynchronisierten Vierganggetriebes und die hydraulische Kupplungsbetätigung sind leicht gängig.

Der B 1000-Krankenwagen bietet durch die Zweikreisbremsanlage, die auf 900 cm² Bremsfläche wirkt, erhöhte Sicherheit.

Das Fahrzeug wird durch Drehstäbe gefedert. Diese fangen im Zusammenwirken mit den Stoßdämpfern und den einzeln aufgehängten Rädern die Unebenheiten der Fahrbahn ab.

Die Eigenart der Anordnung von Fahrwerk, Federung und Triebsatz sowie die tiefe Schwerpunktlage des Fahrzeuges verleihen dem B 1000 eine besonders gute Straßenlage.

Durch den Frontantrieb wird der B 1000 bei günstigen Achslastverteilung sicher durch die Kurven gezogen. Sehr wichtig ist dieser Vorteil bei glatter Fahrbahn, Schnee und Schneematsch.

Die große Windschutzscheibe bietet dem Fahrer ungehinderte Übersicht über die Verkehrslage.

Alle Kontrollinstrumente und Schalttasten liegen im engsten Blickfeld des Fahrers. Die Wischerblätter halten über 80 % der weit herumgezogenen Frontscheibe frei. Durch Zuschalten eines Gebläses kann der Luftstrom aus den Entfrosterdüsen verstärkt werden.

Zwei Spaten, Werkzeug und Reserverad sind in der Fahrerkabine untergebracht.

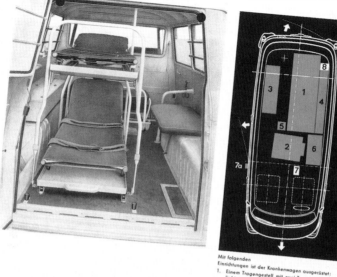

Ab Mitte 1989 erhielt der B 1000 einen 1,3-Liter-VW-Motor. Von den rund 1000 Exemplaren wurden auch einige als Krankenwagen gebaut.

Mit folgenden Einrichtungen ist der Krankenwagen ausgerüstet:
1. Einem Tragengestell mit zwei Tragen, die in beliebiger Reihenfolge belegt werden können
2. Einem Tragesessel ...

Krankenwagen – zuverlässig, schnell, sicher

Die erste Ausführung des Krankenwagens hatte noch zwei Tragen und einen Tragestuhl. Später wurde die zweite Trage zusammengeklappt mitgeführt und nur im Notfall verwendet. Bei Einsatzfahrten mit Sondersignal wurde außen eine Rote-Kreuz-Flagge eingesteckt und die Leuchte auf dem Dach auf Blinklicht geschaltet.

Sankra

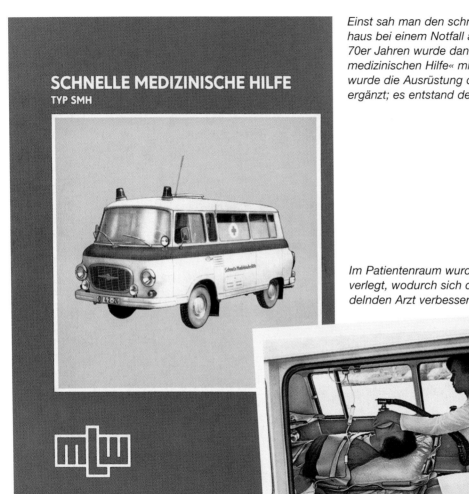

Einst sah man den schnellen Transport zum Krankenhaus bei einem Notfall als entscheidend an. In den 70er Jahren wurde dann das System der »Schnellen medizinischen Hilfe« mit Arzt aufgebaut. Hierfür wurde die Ausrüstung des Krankenwagen B 1000 ergänzt; es entstand der Typ B 1000 SMH.

Im Patientenraum wurde die Tragenhalterung in die Mitte verlegt, wodurch sich die Möglichkeiten für den behandelnden Arzt verbesserten.

Sankra

Das verbesserte Raumangebot zog erhöhte Seitenwindempfindlichkeit nach sich. Die geöffnete Heckklappe bot bei Regen und Schnee jedoch zusätzlichen Schutz beim Einladen.

Beim Einsatz der SMH-Fahrzeuge wurde das knappe Raumangebot ständig bemängelt. Deshalb entstand der B 1000 SMH 3 mit einem Sonderaufbau aus Stahlrohrgerippe, das mit glasfaserverstärktem Polyester beplankt war.

1. Allgemeines über den Einsatz von Rettungsfahrzeugen für die Schnelle Medizinische Hilfe (SMH)

Die SMH ist die mobile Organisationsform für alle dringlichen und akuten medizinischen Notfälle, insbesondere weitab vom Krankenhaus und dem Sprechzimmer des nächstgelegenen Arztes. Für diese Organisationsform werden Fahrzeuge benötigt, die den Anforderungen, die der dringliche und akute medizinische Notfall in Bezug auf medizinisch-technische und apparative Ausrüstung stellt, voll gerecht werden.

2. Technische Beschreibung des Rettungswagens

Basisfahrzeug des Rettungswagens ist ein neu entwickeltes Spezialfahrzeug mit Barkas B 1000-Fahrgestell und einem den Anforderungen angepaßten erhöhten und verbreiterten Kabinenaufbau.

Charakteristisch für den Innenaufbau ist die optimale Gestaltung der Diagnose- und Therapiemöglichkeiten, wobei die Erkenntnisse der langjährigen Erfahrungen beim Bau und Einsatz von Rettungsfahrzeugen verwirklicht wurden.

Die Arbeit des medizinischen Personals wird durch die Vorkopfbetreuung des Patienten geprägt. Zu diesem Zweck wurden die Sitze und die apparative und medizinische Ausrüstung um das Kopfende der Trage angeordnet, wobei eine gute Zugänglichkeit zur Behandlungsfläche garantiert ist.

Diese guten ergonomischen Bedingungen für das Personal werden durch die stoß- und schwingungsgedämpfte Patientenlagerung (Federung im Schulterbereich und Polsterung der Trage mittels Schaumgummiauflage) und durch Gewährleistung optimaler Sicherheit auf allen Sitzen (Anbringung von Kopfstützen und Gurten) ergänzt.

Auch die komplett über Gasfederstutzen nach oben zu öffnende Hecktür entspricht den Anforderungen der modernen Notfallmedizin und ermöglicht ein optimales und wettergeschütztes Be- und Entladen der Krankentrage.

Die gute Schall- und Wärmeisolation, die farbliche Gestaltung der Patientenkabine und die gewählte Anordnung der medizinischen Geräte tragen dazu bei, dem Patienten ein Gefühl von Sicherheit und Zuversicht zu vermitteln.

2.1. Raumaufteilung

Um das vorhandene Platzangebot vollständig zu nutzen, wurde das Fahrerhaus mit in den Behand-

Sankra

Vor allem bei der Nationalen Volksarmee und der Polizei kam das Krankentransportfahrzeug auf dem allradgetrieben Robur zum Einsatz. Fast unverändert wurde der Koffer für sechs Tragen auf die Ausführungen LO 1800 A, LO 1801 A und LO 2002 A gebaut. Das DRK hatte in jedem Landkreis mindestens eines dieser Fahrzeuge.

Sankra

Auf den Export zielte die Entwicklung dieses speziellen Krankenwagens. Bei ihm war der Mehrzweckaufbau – wie er auch für geländegängige Busse für Tagebaue und Baustellen angefertigt wurde – mit vier Krankentragen und einer Notarztausrüstung versehen.

Mit dieser Ausrüstung war ein Fahrzeug entstanden, mit dem man im Gelände mehrere Notfallopfer qualifiziert versorgen konnte.

Anmerkungen zum Thema

Bezeichnungen: Zur Kennzeichnung des Einsatzwertes der Fahrzeuge wurden Kurzbezeichnungen eingeführt. Sie sind in der Regel von den ausgeschriebenen Typenbezeichnungen abgeleitet und haben wichtige Merkmale zum Inhalt. Sie geben über die Art des Fahrzeuges, den Nennförderstrom der Pumpe und über andere Leistungen Auskunft. Zum Beispiel bezeichnet die Chiffre KLF-TS 8 ein Kleinlöschfahrzeug mit Tragkraftspritze, deren Nennförderstrom 8 mal 100 Liter in der Minute beträgt.

Ergänzend einige weitere Bezeichnungen:

ARB 9	Arbeits- und Rettungsbühne mit einer Arbeitshöhe bis 9 m
CO2-LF	Kohlendioxid-Löschfahrzeug
DL 30	Drehleiter mit einer Steighöhe bis 30 m
GEW	Grubenwehr-Einsatzwagen
KTW	Krankentransportwagen
KS 25	Kraftspritze mit Einbaupumpe 2.500 l/min
LF-TSA	Löschfahrzeug mit Tragkraftspritzenanhänger
LF 8-TS 8	Löschfahrzeug mit Einbaupumpe 800 l/min und mit Tragkraftspritze 800 l/min
LF-Lkw-TS 8-STA	Löschfahrzeug in der Art eines Lastkraftwagen mit Tragkraftspritze 800 l/min
LLG	Leichtes Löschgruppenfahrzeug
RTGW	Rettungsgerätewagen
S 3	Schlauchwagen, 3 t Nutzlast
Sankra	Sanitätskraftwagen
SKW 14	Schlauchkraftwagen mit 14 x 100 m = 1400 m Druckschlauch
SMH	Schnelle medizinische Hilfe
TLF 16	Tanklöschfahrzeug mit Einbaupumpe 1600 l/min

Feuerlöschgerätewerke: In Ostdeutschland, auf dem Gebiet der späteren DDR, existierten einige Unternehmen, die sich erfolgreich mit dem Bau von Feuerlöschfahrzeugen beschäftigt hatten. Nach der Teilung Deutschlands waren nur noch drei von ihnen aktiv:
VEB Feuerlöschgerätewerk Luckenwalde. Im Jahre 1878 hatte der Gelbgießer Hermann Koebe im südlich von Berlin gelegenen Städtchen Luckenwalde eine Metallgießerei und Kupferschmiede gegründet. Hieraus entwickelte sich die weltberühmte Feuerwehrgerätefabrik Koebe-Luckenwalde mit über 300 Beschäftigten. Die Kapselschieberpumpe im Ansaugstutzen, der Halblöschzug »Schnell«, Tankspritzen auf Opel-Blitz und andere Erzeugnisse waren mit dem Namen Koebe verbunden. Im Jahre 1948 wurde das Werk nach einer Zeit der treuhänderischen Verwaltung verstaatlicht. Als VEB (Volkseigener Betrieb) entwickelte sich das Werk zum Hersteller von Feuerwehrfahrzeugen mittlerer Größenordnung und Drehleitern. Nach der Wende firmierte das Werk als FGL, ging in Konkurs und wurde von der alteingesessene Firma Metz übernommen. Heute werden in den Werkhallen wieder Feuerwehrfahrzeuge unter dem Namen FGL-Metz gebaut.

VEB Feuerlöschgerätewerk Jöhstadt: Jöhstadt ist eine kleine Stadt im Erzgebirge. Friedrich August Flader gründete hier 1860 mit einem Geschäftspartner eine kleine Messinggießerei. Die zuerst nur nebenbei produzierten Feuerspritzen wurden schnell ein Erfolg. Später übernahm seine Frau Emilie Clementine Flader die Firma und führte sie unter dem Namen E. C. Flader erfolgreich weiter. Die Firma Flader wurde zu einer der bedeutendsten ihrer Branche in Deutschland. Die Produktion von Tragkraftspritzen machte sie weltbekannt. Nach der Demontage des gesamten Betriebes im Jahre 1946 erfolgte die Enteignung. Mit dem Willen zum Weitermachen und der Erfahrung in der Tragkraftspritzenfertigung wurde durch ehemalige Mitarbeiter mit zusammengesuchten Maschinen die Produktion 1948 wieder in Gang gebracht. Als VEB entwickelte sich das Werk zum Pumpenproduzenten, und neben Tragkraftspritzen und Einbaupumpen für Feuer-

Anmerkungen zum Thema

löschfahrzeuge wurden auch Exzenter-, Kreisel- und Kraftstoffpumpen gefertigt.

Mit der Wende änderten sich auch die Anforderungen an diese Produkte. Bei der PFJ Pumpen und Feuerlöschtechnik GmbH Jöhstadt werden heute völlig neu konstruierte Tragkraftspritzen und Löschgeräte hergestellt.

VEB Feuerlöschgerätewerk Görlitz: Die 1864 in Görlitz gegründete Firma G. A. Fischer belieferte unter der Bezeichnung GAF vorrangig Feuerwehren in Schlesien. Mit der Industrialisierung Deutschlands erlebte GAF wie ähnlich strukturierte Unternehmen einen bedeutenden Aufschwung. Produzierte man bei GAF anfangs die gesamte Palette von Feuerwehrausrüstungen, so erfolgte zwischen den beiden Weltkriegen eine Spezialisierung auf den Pumpen- und Fahrzeugbau. Die Motorspritzen der Marke »Retterin« waren über Deutschlands Grenzen hinaus berühmt.

Nach 1945 konzentrierte man sich zunächst auf die Reparatur vorhandener Feuerlöschtechnik. Ersatzaufbauten für vorhandene Fahrzeuge führten wieder zum Bau neuer Lösch- und Sonderfahrzeuge für die Feuerwehren. Die Vereinheitlichung in der DDR brachte dem VEB Feuerlöschgerätewerk Görlitz die alleinige Produktion des Standard-Einachsanhänger. Durch verschiedene Einbauten entstanden Anhänger für Tragkraftspritzen, Schlauchtransport, Beleuchtungssätze, Nachrichtengeräte und Ventilatoren. Neben den Aufbauten der Löschfahrzeuge LF 8-TS 8-STA und der Leichtschaumlöschfahrzeuge LF 8-LS 1/1 wurden Aufbauten für die Armee gefertigt. Heute ist auf einem Teil des Werksgeländes die BTG Brandschutztechnik Görlitz GmbH tätig; neben Fahrzeugen unter dem Namen BTG werden hier auch Magirus-Tragkraftspritzenfahrzeuge hergestellt.

Schrader-Motor-Chronik

Die einmalige Reihe über Oldtimer

Interessante Dokumentationen in Faksimiles, zusammengestellt anhand zeitgenössischen Werbe- und Pressematerials in Schwarzweiß und Farbe. Jeder Band enthält eine Fülle von Abbildungen, technischen Angaben und Daten, basierend auf authentischen Werksveröffentlichungen.

PREIS PRO BAND DM 19,80 / sFr 19,80 / öS 145,–

Deutsche Ackerschlepper 1946-1966
96 S., 120 Bilder
Bestell-Nr. 87144
ISBN 3-613-87144-0

Lanz Bulldog – Ackerschlepper, Straßenzugmaschinen, 1928-1955
96 S., 120 Bilder
Bestell-Nr. 87056
ISBN 3-613-87056-8

Dreirad- und Kleinlieferwagen 1945-1967
96 S., 120 Bilder
Bestell-Nr. 87154
ISBN 3-613-87154-8

Deutsche Autos der Wirtschaftswunderjahre
180 S., 246 Bilder, dav. 62 in Farbe
Bestell-Nr. 87170
ISBN 3-613-87170-X

Land-Rover 1948-1995
96 S., 104 Bilder, dav. 8 in Farbe
Bestell-Nr. 87140
ISBN 3-613-87140-8

Audi 50 · 60 · 75 · 80 · 90 · 100, 1965-1980
96 S., 120 Bilder
Bestell-Nr. 87152
ISBN 3-613-87152-1

Jeep-Willy's, Kaiser, AMC 1942-1986
96 S., 118 Bilder
Bestell-Nr. 87029
ISBN 3-922617-29-3

Deutsche Autos der Extraklasse, 1952-1992
96 S., 134 Bilder, dav. 11 in Farbe
Bestell-Nr. 87137
ISBN 3-613-87137-8

Fiat Sportwagen, Coupés und Spider, 1948-1986
96 S., 120 Bilder
Bestell-Nr. 87039
ISBN 3-922617-39-5

BMW Isetta und ihre Konkurrenten, 1955-1962
96 S., 128 Bilder
Bestell-Nr. 87010
ISBN 3-613-87010-X

Chevrolet Corvette 1953-86
96 S., 110 Bilder
Bestell-Nr. 87051
ISBN 3-922617-51-4

Deutsche Hauben-Lastwagen der fünfziger Jahre
96 S., 120 Bilder
Bestell-Nr. 87130
ISBN 3-613-87130-0

Karmann Ghia Coupés und Cabriolets, 1955-1974
96 S., 104 Bilder
Bestell-Nr. 87062
ISBN 3-613-87062-2

MGA, MGB, MGC, Roadster und Coupés, 1955-1981
96 S., 110 Bilder
Bestell-Nr. 87067
ISBN 3-922617-67-0

Fiat 500/600, Topolino, Jagst, Multipla, Weinsberg 1936-1969
96 S., 155 Bilder
Bestell-Nr. 87026
ISBN 3-922617-26-3

Büssing Omnibusse 1904-1971
96 S., 149 Bilder, dav. 11 in Farbe
Bestell-Nr. 87171
ISBN 3-613-87171-8

Faun Lastwagen · Omnibusse · Kommunalfahrzeuge 1918-1995
96 S., 150 Bilder, dav. 13 in Farbe
Bestell-Nr. 87164
ISBN 3-613-87164-5

Porsche 911, Targa, Carrera, Cabriolet, 1963-1986
96 S., 142 Bilder, dav. 29 in Farbe
Bestell-Nr. 87027
ISBN 3-613-87027-4

Trabant 1958-1991
P50, P60, 601, 1,1 Liter
96 S., 107 Bilder, dav. 10 in Farbe
Bestell-Nr. 87145
ISBN 3-613-87145-9

Feuerwehr- und Rettungsfahrzeuge der DDR 1945-1990
96 S., 120 Bilder
Bestell-Nr. 87177
ISBN 3-613-87177-7

Porsche 356 1948-1965
96 S., 122 Bilder
Bestell-Nr. 87041
ISBN 3-613-87041-X

Saab Automobile, Modelle 92 bis 99 und Sonett, 1947-1970
96 S., 113 Bilder
Bestell-Nr. 87106
ISBN 3-921796-06-7

Mercedes-Benz Cabriolets 170 u. 220-280 SE 3.5 V8 1949-1971
96 S., 110 Bilder
Bestell-Nr. 87077
ISBN 3-613-87077-0

Mercedes-Benz Heckflosse 220, 190/200, 230, 300 SE 1959-1965
96 S., 112 Bilder
Bestell-Nr. 87034
ISBN 3-922617-34-4

Mercedes-Benz Ponton 180/D, 190/D, 219, 220, 220S/SE, 1953-1962
96 S., 111 Bilder
Bestell-Nr. 87043
ISBN 3-922617-43-3

VW Käfer Limousinen 1938-78
96 S., 110 Bilder
Bestell-Nr. 87068
ISBN 3-613-87068-1

Autozubehör von gestern
96 S., 120 Bilder
Bestell-Nr. 87178
ISBN 3-613-87178-5

Triumph TR2-TR8, 1953-1981
96 S., 120 Bilder
Bestell-Nr. 87036
ISBN 3-922617-36-0

VW Transporter/Bus 1949-67
96 S., 141 Bilder, dav. 25 in Farbe
Bestell-Nr. 87009
ISBN 3-613-87009-6

Lancia Ardea, Aprilia, Aurelia, Appia, Flaminia, Flavia, Fulvia, 1946-1972
96 S., 120 Bilder
Bestell-Nr. 87097
ISBN 3-922617-97-2

VW Käfer Cabrio, Karmann Ghia, Rometsch usw. 1949-1980
96 S., 110 Bilder
Bestell-Nr. 87015
ISBN 3-613-87015-0

Kleinstwagen und Kabinenroller aus aller Welt 1945-1965
96 S., 119 Bilder, dav. 12 in Farbe
Bestell-Nr. 87159
ISBN 3-613-87159-9

Opel Manta und Ascona 1970-1975
96 S., 113 Bilder, dav. 12 in Farbe
Bestell-Nr. 87163
ISBN 3-613-87163-7

Schrader Verlag

Postfach 103743
70032 Stuttgart
Telefon (0711) 2108065
Telefax (0711) 2108070

Stand Juli 1998 – Änderungen in Preis und Lieferfähigkeit vorbehalten